Planes de ahorro anuales

Así crece el capital

La mejor forma de reducir riesgos y aumentar oportunidades

Monografías Invesgrama n°4

Monografías Invesgrama

N°1 Todo sobre los dividendos: conceptos, ventajas, estrategias y resultados
N°2 Mercados bajistas: cómo detectarlos, cuándo vender y cuándo comprar
N°3 En busca del ahorro seguro y rentable: guía para el inversor conservador
N°4 Planes de ahorro anuales: así crece el capital

© Carlos Torres Blánquez, 2018.
www.invesgrama.com
Twitter: @invesgrama

Índice

Primera parte: El ahorrador inversor 7

1. Expectativas sobre el ahorro..9
    1.1. Lo que sabes y lo que quieres saber...9
    1.2. Los tres tipos de inversores...10
    1.3. Cuáles son tus expectativas..12

2. Las cuatro preguntas del ahorrador..13
    2.1. Si ahorro tanto, ¿cuánto tendré en el futuro?.........................13
    2.2. ¿Cuánto tengo que ahorrar cada año?....................................15
    2.3. ¿Durante cuánto tiempo debería ahorrar?..............................16
    2.4. ¿Qué rentabilidad debo obtener?..18

3. Convierte el aumento de tu salario en rentabilidad del capital 20
    3.1. Del salario real a la rentabilidad real......................................20
    3.2. Crecimiento del capital derivado del incremento de las aportaciones....21
    3.3. Cómo el incremento de las aportaciones reduce el ahorro inicial
        necesario 25

Segunda parte: Historias para entender conceptos importantes..................29

1. La liebre y la tortuga o la rentabilidad compuesta............................31

2. Salomón o la diversificación...33

3. La pipa de la paz o la TIR...38
    3.1. Una reunión acalorada...38
    3.2. El cliente precavido...39
    3.3. El cliente constante..40
    3.4. El tipo listo...41
    3.5. Las mejores estrategias para un inversor constante...............42

Tercera parte: Dónde invertir 45

1. Principales activos 47
    1.1. Activos para todos los perfiles de riesgo 47
    1.2. El plazo mínimo para ganar seguro, por activos 48

2. Combinaciones de activos 49
    2.1. Combinaciones con buena relación rentabilidad-riesgo 49
        2.1.1. Activos monetarios, obligaciones y oro 49
        2.1.2. Activos monetarios, obligaciones y franco suizo 49
        2.1.3. Activos monetarios y bolsa española 50
        2.1.4. Obligaciones y bolsa española 50
        2.1.5. Activos monetarios, obligaciones, oro y bolsa española 51
        2.1.6. Activos monetarios, bolsa española y estadounidense 51
        2.1.7. Obligaciones, bolsa española y estadounidense 51
        2.1.8. Obligaciones, oro, depósito en franco suizo, bolsa española y
              estadounidense 51
        2.1.9. Bolsa española y estadounidense 52
        2.1.10. Combinaciones con bolsa no española 53
    2.2. El plazo mínimo para ganar seguro si diversificamos 53
    2.3. Resumen y conclusiones 55

Cuarta parte: Planes de ahorro anuales 57

1. El valor temporal del dinero 59

2. La triple diversificación de los planes de ahorro anuales 63
    2.1. Diversificación temporal 63
    2.2. Diversificación por activos 63
    2.3. Diversificación estratégica 64

3. Invertir en la práctica 65
    3.1. Cuántos activos comprar cada año 65
    3.2. Productos para ahorrar comisiones e impuestos 68
        3.2.1. Renta fija pública 70
        3.2.2. Renta fija corporativa 71
        3.2.3. Bolsa española 71
        3.2.4. Bolsa estadounidense 72
        3.2.5. Bolsa alemana 72
        3.2.6. Oro 73
    3.3. Intermediarios online 73

4. Plan de ahorro anual en bolsa española..74
    4.1. Resultados..74
    4.2. El "capitalista" vs. el "ahorrador"...75

5. Plan de ahorro anual en renta fija...79
    5.1. Activos monetarios..79
    5.2. Obligaciones..80

6. Plan de ahorro anual en dos activos refugio: oro y franco suizo.....................82
    6.1. Oro..82
    6.2. Franco suizo..83

7. Plan de ahorro anual en bolsa de Estados Unidos y Alemania.......................85
    7.1. Bolsa de Estados Unidos..85
    7.2. Bolsa de Alemania..87

8. Planes de ahorro diversificados..88
    8.1. Infinitas combinaciones..88
    8.2. Plan de ahorro en bolsa y obligaciones, en años alternos...............89
    8.3. Plan de ahorro en bolsa y obligaciones, con reajuste de ponderaciones.91
    8.4. Plan de ahorro anual diversificado sin bolsa...................................93
    8.5. Plan de ahorro anual en bolsa española y estadounidense..............94
    8.6. Plan de ahorro anual en obligaciones y bolsa estadounidense........95

9. La diversificación estratégica..96

10. Resumen y conclusiones...99

Apéndice 1: Cálculo de la TIR con hoja de cálculo......................................105

Apéndice 2: Tablas completas...111
    Tabla A.1. Capital obtenido con un ahorro de 1.200 € / año según
    el número de años y la rentabilidad anual..113
    Tabla A.2. Cantidad anual a ahorrar para obtener un capital de 25.000 €
    según el número de años y la rentabilidad anual...................................114
    Tabla A.3. Años necesarios para obtener un capital de 25.000 € según
    el nivel de ahorro y la rentabilidad anual...115
    Tabla A.4. Años necesarios para obtener un capital de 100.000 € según
    el nivel de ahorro y la rentabilidad anual...116
    Tabla A.5. Rentabilidad anual de diversos activos.................................117
    Tabla A.6. Rentabilidad anual de diversas combinaciones de dos activos..118
    Tabla A.7. Rentabilidad anual de combinaciones de tres y cuatro activos..119

Sobre el autor 121

Primera parte:

El ahorrador inversor

1. Expectativas sobre el ahorro

1.1. Lo que sabes y lo que quieres saber

Las clásicas preguntas de un ahorrador son las siguientes:

* ¿Qué capital podré tener?
* ¿Cuánto tengo que ahorrar?
* ¿Durante cuánto tiempo tendré que ahorrar?
* ¿Qué rentabilidad puedo obtener de mis ahorros?

Para contestarlas, es preciso formularlas en términos que se puedan resolver de forma precisa. Vemos que intervienen cuatro variables: el capital, la cantidad ahorrada, el tiempo y la rentabilidad. Para llegar a saber cualquiera de estas es necesario conocer las otras tres. En la tercera parte veremos la rentabilidad que puede razonablemente esperarse en el largo plazo, que es la variable sobre la que menos control tenemos.

Lo que sabes			Lo que quieres saber
Ahorro anual	Años	Rentabilidad	Capital
Ahorro anual	Años	Capital	Rentabilidad
Ahorro anual	Rentabilidad	Capital	Años
Rentabilidad	Años	Capital	Ahorro anual

Aunque no conozcamos con exactitud tres de las cuatro variables, tenemos que fijar un valor aproximado o un rango de valores para las mismas. De lo contrario la pregunta que formulemos quedará sin respuesta. Si se ignora por completo más de una variable, la alternativa sería plantear un sistema de ecuaciones, pero no vamos a adoptar este enfoque. Mi pregunta puede ser como esta: "si ahorro tanto al mes o al año, ¿cuánto tendré al cabo de cierto tiempo?" Entonces tengo que saber durante cuántos años, al menos aproximadamente, podré ahorrar y qué rentabilidad, o rango de rentabilidades, espero obtener. Para saber cuánto tengo que ahorrar al año debo fijar valores para las otras variables, aunque sea de forma aproximada: cuál es el capital que deseo alcanzar, qué rentabilidad preveo obtener y durante cuántos años podré ahorrar.

Las tablas que se indicarán a continuación permiten establecer diversas opciones para alcanzar el mismo objetivo. Por ejemplo, si se quiere tener un capital determinado, se podrán ver los diferentes caminos posibles en función de la rentabilidad, el número de años y la cantidad ahorrada.

Las tablas también permiten jugar con pares de variables. Por ejemplo, si solo tengo cierta certeza sobre la cantidad que puedo ahorrar anualmente y el número de años en que me será posible hacerlo, podré hacer una previsión del capital futuro según diferentes tasas de rentabilidad. Si lo que tengo claro es la cantidad que puedo ahorrar y el capital que quiero, podré hacer una estimación del número de años que me hará falta para alcanzar mi objetivo según la tasa de rentabilidad. Podría ser también que estuviera razonablemente seguro de obtener una tasa media del 4% anual y saber el número de años que podré invertir, y a partir de aquí explorar las opciones que tengo en cuanto a la cantidad a ahorrar y el capital.

En la tercera parte veremos la rentabilidad histórica (en el período 1978-2017) de diversos activos y combinaciones de activos. En la cuarta calcularemos el capital que habríamos obtenido en planes de ahorro basados en dichos activos, así como en planes diversificados en varios de ellos. Veremos también los resultados de la diversificación estratégica, que consiste en invertir en uno u otro activo según una pauta estratégica además de temporal.

1.2. Los tres tipos de inversores

Estamos acostumbrados a pensar en un inversor como en una persona que ya dispone de un capital y cuyo objetivo es hacer crecer su patrimonio o bien obtener unas rentas. En el primer caso, podemos decir que se trata de un "capitalizador" (porque convierte las rentas en nuevo capital) y en el segundo, de un rentista. Existe un tercer tipo de inversor, al que va dirigido esta monografía, el ahorrador inversor. Se trata de aquel que ahorra una cantidad fija, proporcional a sus ingresos, creciente o variable, con cierta periodicidad, y que adquiere activos para rentabilizar sus aportaciones con el objetivo de obtener un capital determinado en el futuro. Veamos las diferencias entre los tres tipos de inversores de modo gráfico, suponiendo un horizonte temporal de cinco años.

El "capitalizador" tiene un capital en el momento presente (representado como año 0) y quiere obtener un capital más elevado en el año cinco. Las rentas obtenidas cada año se añaden al capital, es decir se capitalizan, de modo que a su vez generan rentas en los años siguientes. Por este motivo, el capitalizador obtiene una rentabilidad compuesta.

	Capital inicial					Capital final
año	0	1	2	3	4	5

La representación gráfica del rentista sería la siguiente:

```
Capital
inicial
              Renta    Renta    Renta    Renta    Renta
         ─────────────────────────────────────────────────
año        0      1       2        3        4        5
```

Por ejemplo, un rentista empezaría con un capital de 100.000 euros el 31 de diciembre de 2017 y al final de cada año retiraría las rentas generadas por ese patrimonio.

El rentista obtiene una rentabilidad simple porque dispone de las rentas. Si cada año retira todas las rentas, al final del quinto año tendrá el mismo capital que al principio. Esto no es aconsejable, pues hay que tener en cuenta que la inflación va disminuyendo el valor real del capital a lo largo del tiempo. Por ejemplo, si la rentabilidad ha sido del 5% pero la inflación ha sido del 1% en un año determinado, el rentista solo debería disponer del 4%, o sea 4.000 € si el capital al inicio del año era de 100.000 €.

Por tanto, el rentista debe capitalizar las rentas equivalentes a la tasa de inflación multiplicada por el capital. En el caso anterior, debería empezar el segundo año con 101.000 €. De esta forma, el valor del capital al inicio del segundo año sería igual en términos reales al que tenía al principio del primero.

Por su parte, el ahorrador inversor seguiría el siguiente esquema:

```
         Ahorro   Ahorro   Ahorro   Ahorro   Ahorro

                                              Capital
                                              final
         ─────────────────────────────────────────────────
año        0      1       2        3        4        5
```

Consideraré que a lo largo del primer año, se ahorra una determinada cantidad y que esta se invierte al final del año. Esto es para considerar la posibilidad de que se ahorre una cantidad mensual o trimestral y se decida invertir de una sola vez lo acumulado durante el año.

Por tanto, se considera que la cantidad ahorrada el primer año se rentabiliza durante cuatro años. A su vez, la cantidad ahorrada durante el segundo año produce rendimientos durante tres años y así sucesivamente. La cantidad ahorrada durante el quinto año no se capitaliza. El capital final es el ahorro capitalizado a lo largo del período. Por tanto, este tipo de inversor también obtiene una rentabilidad compuesta.

Capital al cabo de cinco años =
   ahorro del primer año capitalizado durante cuatro años
 + ahorro del segundo año capitalizado durante tres años
 + ahorro del tercer año capitalizado durante dos años
 + ahorro del cuarto año capitalizado durante un año
 + ahorro del quinto año.

Si el horizonte temporal fuera de 20 años, el ahorro del primer año se capitalizaría durante 19 años y así sucesivamente hasta la cantidad ahorrada en el último año, que no se capitalizaría. Esta pauta es la que se ha tenido en cuenta en las tablas que figuran en los capítulos siguientes.

1.3. Cuáles son tus expectativas

Antes de continuar leyendo, responder a por lo menos uno de los siguientes planteamientos te permitirá conocer cuáles son tus expectativas sobre las posibilidades de un plan de ahorro.

Si ahorro	durante	quiero un capital de
.... € / año	.... años	.... €
Si quiero un capital de	debería bastar un ahorro de	durante
.... €	.... € / año	.... años
Si puedo ahorrar durante	la cantidad de	debería alcanzar un capital de
.... años	.... € / año	.... €

En las próximas páginas podrás saber si tus expectativas pueden cumplirse dada una rentabilidad del capital realista, qué tipo de activos deberías incluir en tu plan de ahorro y qué puedes hacer si tus expectativas están por encima de lo que puede dar de sí el capital para el nivel de riesgo que quieres asumir.

Las tablas que encontraremos en los siguientes capítulos están basadas en un ahorro anual de 1.200 €. Para cualquier otra cantidad, podrás hallar el importe correspondiente aplicando la proporción oportuna.

La rapidez con la cual podamos conseguir un capital objetivo determinado, o la cuantía del ahorro necesario para el mismo fin, dependerá de la rentabilidad real (rentabilidad por encima de la inflación). A medio plazo (hasta alrededor de unos siete años) no es posible hacer previsiones seguras sobre la rentabilidad del capital, en particular si en un futuro próximo nos toca pasar por una fuerte crisis económica. A más largo plazo, en cambio, los períodos de crisis quedan diluidos y podemos ser más realistas en nuestras previsiones. Por tanto, el número de años es una variable importante a la hora de establecer un objetivo. En general, cuanto más queramos, más tendremos que esperar. Pero también es cierto que cuanto más tiempo estemos dispuestos a esperar, más optimistas podemos ser. Es decir, a largo plazo podemos ser más realistas y también más optimistas.

2. Las cuatro preguntas del ahorrador

2.1. Si ahorro tanto, ¿cuánto tendré en el futuro?

La primera pregunta, tal vez la más frecuente, que podemos hacernos es qué capital obtendremos si ahorramos cierta cantidad al mes o al año.

La tabla siguiente responde a esta pregunta para un ahorro de 1.200 € anuales, según diferentes tasas de rentabilidad y períodos de tiempo. En la columna correspondiente a una rentabilidad del 0%, el capital es simplemente la cantidad ahorrada multiplicada por el número de años. La Tabla A.1 del Apéndice contiene información más completa, con períodos consecutivos de 1 a 52 años y tasas de rentabilidad consecutivas del 0% al 12% anual.

Por ejemplo, si ahorro 1.200 € al año durante diez años a una tasa de rentabilidad del 5% anual, obtendré un capital de 15.093 €. Si lo hago a una tasa del 8% anual, alcanzaré la suma de 17.384 €.

Para que los capitales indicados en la tabla tengan un valor en euros similar al actual en términos de poder adquisitivo es preciso considerar que las rentabilidades son reales, es decir, después de descontar la inflación.

	Capital final para un ahorro de 1.200 € / año, según el número de años y la rentabilidad real del capital								
Años	Rentabilidad anual								
	0%	1%	2%	3%	4%	5%	6%	7%	8%
3	3.600	3.636	3.672	3.709	3.746	3.783	3.820	3.858	3.896
5	6.000	6.121	6.245	6.371	6.500	6.631	6.765	6.901	7.040
10	12.000	12.555	13.140	13.757	14.407	15.093	15.817	16.580	17.384
15	18.000	19.316	20.752	22.319	24.028	25.894	27.931	30.155	32.583
20	24.000	26.423	29.157	32.244	35.734	39.679	44.143	49.195	54.914
25	30.000	33.892	38.436	43.751	49.975	57.273	65.837	75.899	87.727
30	36.000	41.742	48.682	57.090	67.302	79.727	94.870	113.353	135.940
35	42.000	49.992	59.993	72.554	88.383	108.384	133.722	165.884	206.780
40	48.000	58.664	72.482	90.482	114.031	144.960	185.714	239.562	310.868
45	54.000	67.777	86.271	111.264	145.235	191.640	255.292	342.899	463.807
50	60.000	77.356	101.495	135.356	183.201	251.218	348.403	487.835	688.524

Para cualquier otra cantidad a ahorrar se puede aplicar la proporción correspondiente (en otros casos no es posible aplicar criterios de proporcionalidad, como se indicará oportunamente). Por ejemplo, si puedo ahorrar 1.400 € al mes, divido esa cantidad por 1.200, lo que da 14/12 (o 7/6). Para saber qué capital obtendría a una tasa del 5% anual dentro de 15 años, primero busco en la tabla la cifra correspondiente al 5% y a 15 años, que es 25.894 €, y luego multiplico por la proporción anterior. El capital resultante es de 30.210 €.

Si puedo ahorrar 1.000 € al año durante 15 años al 5% anual, la proporción respecto a 1.200 es 10/12 (o 5/4). Multiplico esa proporción por 25.894 €, lo que da 21.578 €.

La ganancia en euros se calcula restando la cantidad total ahorrada (que podemos encontrar en la columna correspondiente a una tasa del 0%) del capital que se obtiene al cabo de cierto número de años. Por ejemplo, si ahorro 1.200 € anuales durante 25 años (o sea, un total de 30.000 €) a una tasa del 4% anual, obtendré un capital de 49.975 €. Los beneficios serán, por tanto, de 19.975 €.

Si al contestar el cuestionario del capítulo anterior el capital deseado estaba por debajo del que corresponde a la cantidad que se puede ahorrar durante el número previsto de años y a la tasa de rentabilidad esperada, las posibles soluciones son las siguientes:

* si ya se ha previsto la cantidad máxima que se podría ahorrar, el número máximo de años y una rentabilidad elevada, y aun así no se alcanza el capital objetivo, la solución pasa por empezar a ahorrar la cantidad prevista pero será necesario ir incrementando las aportaciones en términos reales (lo veremos en el capítulo 3 de esta primera parte).

* si la rentabilidad esperada es baja porque se quiere evitar el riesgo, la solución puede pasar por diversificar el capital en activos seguros y de riesgo, ya que un capital diversificado en ambos tipos de activos es más seguro de lo que en un principio cabría esperar (lo veremos en la tercera parte).

2.2. ¿Cuánto tengo que ahorrar cada año?

Es posible que nuestra prioridad sea obtener un capital determinado y estemos dispuestos a ahorrar lo que haga falta para conseguirlo.

La tabla siguiente indica el ahorro anual necesario para alcanzar un capital de 25.000 € según el número de años y la rentabilidad anual. Hay que tener en cuenta que las aportaciones anuales deben ser actualizadas de acuerdo con la inflación, con el fin de mantener un ahorro constante en términos reales. La Tabla A.2 del Apéndice contiene información con períodos consecutivos de 1 a 52 años y tasas de rentabilidad consecutivas del 0% al 12% anual.

Por ejemplo, para llegar a tener un capital de 25.000 € tengo opciones como las siguientes:

* ahorrar 2.082 € durante 10 años a una tasa de rentabilidad del 4%,
* ahorrar 1.726 € durante 10 años al 8%,
* ahorrar 680 € durante 20 años al 6%,
* ahorrar 342 € durante 25 años al 8%...

En este caso también se puede aplicar un criterio de proporcionalidad. Por ejemplo, para alcanzar un capital de 50.000 € debería ahorrar el doble de las cantidades que se indican en la tabla, dado el mismo número de años y la misma tasa de rentabilidad.

Años	Ahorro anual necesario para alcanzar un capital de 25.000 € según el número de años y la rentabilidad real									
	Rentabilidad anual									
	0%	1%	2%	3%	4%	5%	6%	7%	8%	
3	8.333	8.251	8.169	8.088	8.009	7.930	7.853	7.776	7.701	
5	5.000	4.901	4.804	4.709	4.616	4.524	4.435	4.347	4.261	
10	2.500	2.390	2.283	2.181	2.082	1.988	1.897	1.809	1.726	
15	1.667	1.553	1.446	1.344	1.249	1.159	1.074	995	921	
20	1.250	1.135	1.029	930	840	756	680	610	546	
25	1.000	885	781	686	600	524	456	395	342	
30	833	719	616	525	446	376	316	265	221	
35	714	600	500	413	339	277	224	181	145	
40	625	511	414	332	263	207	162	125	97	
45	556	443	348	270	207	157	118	87	65	
50	500	388	296	222	164	119	86	61	44	

2.3. ¿Durante cuánto tiempo debería ahorrar?

Otra pregunta que podemos formularnos es: si ahorro tanto al mes o al año y quiero un capital determinado, ¿durante cuánto tiempo debería ahorrar?

La tabla siguiente indica los años que hacen falta para conseguir un capital determinado si el ahorro anual es de 1.200 €. Para una rentabilidad del 0%, obviamente el número de años es el capital dividido por la aportación anual. Por ejemplo, si deseo obtener un capital de 30.000 € con un ahorro de 1.200 € al año y preveo obtener una rentabilidad del 4% anual, tardaré 17,67 años en conseguirlo. Si la rentabilidad esperada es del 8% anual, lograré este objetivo en 14,27 años. La Tabla A.3 del Apéndice incluye información más completa.

Si queremos traducir la parte decimal de los años a meses, tenemos que multiplicar los decimales por 12 (y no por 10). Por ejemplo, 17,67 son 17 años y 8 meses (0,67 x 12 = 8).

Observemos la diferencia que hay entre ahorrar a una tasa del 5% respecto a hacerlo sin rendimiento alguno. Para conseguir un capital de 12.000 € tardaría 8 años y cerca de 4 meses al 5% anual, frente a 10 años si el rendimiento fuera nulo. Pero esta diferencia se va ampliando a medida que aumenta el capital objetivo. Para un capital de 30.000 € necesito 16,6 años al 5% anual y 25 años si no genero rendimientos. Si para 12.000 € la diferencia era de un año y medio aproximadamente, para 30.000 € ya es de unos ocho años y medio.

Para un capital de 60.000 €, me harían falta 50 años si no obtuviera rentabilidad alguna pero podría conseguir este objetivo en casi la mitad de tiempo si ganara un 5% anual.

Años necesarios para obtener un capital determinado con un ahorro de 1.200 € / año según la rentabilidad real										
Capital	Rentabilidad anual									
	0%	1%	2%	3%	4%	5%	6%	7%	8%
3.600	3	2,97	2,94	2,92	2,89	2,86	2,84	2,82	2,80
6.000	5	4,90	4,81	4,73	4,65	4,57	4,50	4,44	4,37
12.000	10	9,58	9,21	8,88	8,58	8,31	8,07	7,84	7,64
18.000	15	14,05	13,25	12,57	11,98	11,47	11,02	10,61	10,24
24.000	20	18,32	16,99	15,90	14,99	14,21	13,53	12,94	12,42
30.000	25	22,43	20,48	18,93	17,67	16,62	15,73	14,95	14,27
36.000	30	26,37	23,73	21,71	20,10	18,78	17,67	16,72	15,90
42.000	35	30,16	26,80	24,29	22,32	20,73	19,42	18,30	17,35
48.000	40	33,82	29,68	26,67	24,36	22,52	21,00	19,73	18,65
54.000	45	37,34	32,41	28,91	26,25	24,16	22,45	21,03	19,83
60.000	50	40,75	35,00	31,00	28,01	25,68	23,79	22,23	20,91

Aquí no se puede aplicar un criterio de proporcionalidad, debido a la rentabilidad compuesta. Por ejemplo, para conseguir un capital de 36.000 € no nos hace falta el doble de tiempo que para conseguir un capital de 18.000 €, a menos que el rendimiento sea del 0%. Por ejemplo, al 5% anual llegaré a tener 18.000 € en 11,47 años y 36.000 € en 18,78 años. O sea, para tener el doble, necesito un 64% más de tiempo: el capital crece más que proporcionalmente respecto al tiempo durante el cual se ahorra.

Además, la proporción del tiempo necesario disminuye con la rentabilidad. Si la rentabilidad es del 4% anual necesitamos un 68% más de años para conseguir el doble de capital, mientras que si es del 8% anual necesitamos un 55% más.

Otra forma de plantear la cuestión es partir de un capital objetivo determinado y ver el tiempo necesario según diferentes aportaciones y rentabilidades anuales. La tabla siguiente indica el número de años necesarios para obtener un capital de 25.000 € para diferentes niveles de ahorro y rentabilidad. Por ejemplo, si ahorro 1.000 € al año a una tasa del 7% anual, tardaré unos 15 años en alcanzar un capital de 25.000 €.

Años necesarios para obtener un capital de 25.000 € según el ahorro anual y la rentabilidad real									
Ahorro anual	Rentabilidad anual								
	0%	1%	2%	3%	4%	5%	6%	7%	8%
300	83,33	60,92	49,53	42,38	37,39	33,66	30,75	28,40	26,47
500	50,00	40,75	35,00	31,00	28,01	25,68	23,79	22,23	20,91
1.000	25,00	22,43	20,48	18,93	17,67	16,62	15,73	14,95	14,27
1.500	16,67	15,49	14,53	13,72	13,02	12,42	11,90	11,43	11,01
2.000	12,50	11,84	11,27	10,77	10,34	9,95	9,60	9,29	9,01
2.500	10,00	9,58	9,21	8,88	8,58	8,31	8,07	7,84	7,64
3.000	8,33	8,04	7,78	7,55	7,33	7,14	6,96	6,79	6,64
3.500	7,14	6,93	6,74	6,57	6,41	6,26	6,12	5,99	5,87
4.000	6,25	6,09	5,95	5,81	5,69	5,57	5,47	5,36	5,27
4.500	5,56	5,43	5,32	5,22	5,12	5,02	4,94	4,86	4,78
5.000	5,00	4,90	4,81	4,73	4,65	4,57	4,50	4,44	4,37

Aquí tampoco se pueden aplicar proporciones. Por ejemplo, si ahorro e invierto 2.000 € anuales al 5% tardaré 9,95 años en tener 25.000 € mientras que si ahorro la mitad, tardaré 16,62 años, que no es el doble de tiempo.

2.4. ¿Qué rentabilidad debo obtener?

La rentabilidad es la variable sobre la que tenemos menos control. Podemos decidir lo que podemos o queremos ahorrar y el tiempo en que lo haremos pero la rentabilidad del capital dependerá del tipo de activos que elijamos, de la ponderación de cada uno de ellos, del ciclo económico y de la evolución de los mercados.

Nos interesa, por tanto, que la rentabilidad sea lo más previsible posible. En la tercera parte veremos la rentabilidad que se puede esperar en períodos consecutivos de 3, 5, 10, 15 y 20 años, lo que nos permitirá averiguar a partir de qué número de años la rentabilidad se vuelve razonablemente previsible.

A partir del análisis histórico de los principales activos en las últimas décadas, un inversor conservador puede esperar que un capital adecuadamente diversificado le proporcione una rentabilidad neta real (es decir, después de impuestos e inflación) de entre el 4% y el 8% anual.

Si bien es factible conseguir más con estrategias adecuadas en bolsa, este no es el tema de esta monografía, pues se trata de establecer objetivos que sean alcanzables para la mayoría de ahorradores. Por otro lado, cada inversor tiene un horizonte temporal diferente, lo que obliga a limitar el rango de rentabilidades posibles.

Es recomendable que el ahorrador tenga una expectativa moderada acerca de la evolución de su capital para que sus planes de vida no se vean truncados por errores de previsión. La rentabilidad puede acabar siendo más elevada de lo esperado, sobre todo a largo plazo, pero hay que evitar hacer planes de futuro en base a resultados que no están garantizados.

Como expliqué en la tercera Monografía Invesgrama, un capital correctamente diversificado no puede anular el riesgo de mercado, es decir, las fluctuaciones de precio de los activos, pero estas son temporales y provisionales. Sin embargo, evita el peligro más importante, el riesgo de emisor (quiebra o insolvencia de los emisores de los títulos o productos en los que invertimos), que sí puede causar pérdidas irrecuperables.

En plazos largos de tiempo, vale la pena asumir riesgos porque a mayor rentabilidad, menor es la cantidad que se debe ahorrar. La tabla de la página siguiente da una idea de cómo disminuye la cantidad necesaria a ahorrar a medida que la rentabilidad del capital aumenta en un 2% anual.

Por ejemplo, si tenemos un horizonte temporal de 25 años, invertir a una tasa del 4% anual requiere una cantidad anual de 600 € si queremos alcanzar un capital de 25.000 €, mientras que si la tasa es del 8% anual, que correspondería a un nivel de riesgo más elevado, pero asumible a largo plazo, la cantidad necesaria sería de casi la mitad, 342 €. A un plazo de 40 años, la cantidad a ahorrar debería ser de 263 € y de 97 € anuales con una rentabilidad del 4% y del 8% anual respectivamente. A este plazo, el doble de rentabilidad nos permite ahorrar un 63% menos para llegar al mismo objetivo.

Años	Ahorro anual necesario para alcanzar un capital de 25.000 € según número de años y rentabilidad							
	Rentabilidad anual							
	0%	2%	4%	6%	8%	10%	12%
5	5.000	4.804	4.616	4.435	4.261	4.095	3.935
10	2.500	2.283	2.082	1.897	1.726	1.569	1.425
15	1.667	1.446	1.249	1.074	921	787	671
20	1.250	1.029	840	680	546	436	347
25	1.000	781	600	456	342	254	187
30	833	616	446	316	221	152	104
35	714	500	339	224	145	92	58
40	625	414	263	162	97	56	33
45	556	348	207	118	65	35	18
50	500	296	164	86	44	21	10

En el siguiente capítulo veremos que si nuestros ingresos aumentan en términos reales (es decir, por encima de la inflación) y si ahorramos una proporción constante de nuestros ingresos, haremos una aportación creciente a nuestro plan de ahorro, con una consecuencia interesante: el porcentaje de aumento por encima de la inflación equivale aproximadamente a un aumento de la rentabilidad compuesta del mismo porcentaje.

Por ejemplo, si durante 25 años de nuestra vida laboral nuestros ingresos aumentan una media de un 2% anual por encima de la tasa de inflación y si incrementamos nuestro ahorro en el mismo porcentaje, el resultado será casi equivalente a obtener una rentabilidad extra de cerca del 2% anual, a pesar de que la proporción del ahorro en términos de ingresos habrá permanecido constante.

Esto implica también que si empezamos un plan de ahorro con la idea de incrementar nuestras aportaciones un 2% anual por encima de la inflación, podemos empezar ahorrando una cantidad menor para un mismo objetivo. Por tanto, si vemos que la cantidad a ahorrar para alcanzar nuestro capital objetivo es mayor a la cantidad de la que disponemos, podemos suplir ese déficit si cada año incrementamos nuestra aportación.

3. Convierte el aumento de tu salario en rentabilidad del capital

3.1. Del salario real a la rentabilidad real

Si en el pequeño cuestionario del capítulo 1, tu capital objetivo estaba por encima de lo que puedes conseguir para un rentabilidad determinada y cierto número de años, la solución puede ser aumentar la aportación a tu plan de ahorro en la misma proporción en que lo hagan tus ingresos reales.

Por ejemplo, si la inflación es del 2% y tu salario aumenta un 3%, tu salario real habrá crecido un 1%. Si también incrementas la cantidad ahorrada en un 3%, esta crecerá un 1% en términos reales.

A decir verdad, no todo el incremento real del ahorro se traducirá en un aumento de la misma magnitud en nuestra rentabilidad, a diferencia de lo que ocurre con las comisiones que logremos evitar. Lo veremos con dos ejemplos.

Imagina que tienes 100 € en un fondo de inversión y al cabo del año tu participación vale 120 €. Si el fondo te cobra una comisión del 1% sobre el capital, te quedarás con 1,2 € menos, o sea con 118,8 €. Por tanto, esta comisión te quita un 1,2% de rentabilidad. Si la pudieras evitar, eso sería rentabilidad a tu favor. Evidentemente siempre tendrás que pagar alguna comisión pero se daría un resultado similar si pasaras de un fondo que te cobra un 1,5% a otro que te cobrara un 0,5%. Esa diferencia del 1% anual se traduciría en una rentabilidad adicional para ti del 1,2% anual.

Ahora veamos qué ocurre cuando incrementas la cantidad ahorrada en un 1%. Supondremos que tienes un plan de ahorro a tres años, que la rentabilidad del capital es del 5% y que el segundo año aumentas tu ahorro en un 1%. La cantidad ahorrada el segundo año se multiplicará por 1,01 y por 1,05 elevado a dos (pues faltan dos años para el final del plan de ahorro), o sea: 1,01 x 1,1025, que da 1,113525. Pero este factor equivale a una rentabilidad media del 5,52% anual en el período de dos años, y no del 6% anual.

Esto es solo un ejemplo. A continuación veremos qué parte del incremento real del ahorro se traduce efectivamente en un incremento de la rentabilidad real.

Las cifras del capital que aparecen en los cuadros siguientes se basan en un ahorro anual inicial de 1.200 €. Para cualquier otra cantidad ahorrada, deberá aplicarse sobre el capital la proporción correspondiente. Por ejemplo, si pensamos ahorrar 1.000 € al año, habrá que multiplicar la cifra pertinente por 10/12.

3.2. Crecimiento del capital derivado del incremento de las aportaciones

Veamos cómo interpretar el siguiente cuadro. La primera columna indica la rentabilidad del capital en términos reales, o sea por encima de la inflación. La segunda columna recoge el capital que se obtendría al cabo de diez años con un ahorro de 1.200 € al año si este solo se actualiza en función de la inflación (incremento real del ahorro del 0%). La primera casilla de los datos en euros corresponde a una rentabilidad real del 0% y una actualización del ahorro real del 0%. La cantidad resultante es obviamente de 12.000 € (10 años x 1.200 € al año).

El valor de la casilla de la derecha corresponde a una rentabilidad del 0% y a un incremento del ahorro real del 1% anual, lo que produce un capital de 12.555 €. Se puede comprobar que esta cantidad es similar a la que se obtendría con una rentabilidad real del 1% anual sin incrementar la cantidad ahorrada en términos reales (12.680 €).

En gris oscuro se han resaltado combinaciones de ambas variables que producen un capital similar.

Capital final al cabo de 10 años con un ahorro inicial de 1.200 € / año						
Rentabilidad real	Incremento anual real del ahorro					
	0%	1%	2%	3%	4%	5%
0%	12.000 €	12.555 €	13.140 €	13.757 €	14.407 €	15.093 €
1%	12.680 €	13.255 €	13.862 €	14.501 €	15.175 €	15.885 €
2%	13.402 €	13.999 €	14.628 €	15.290 €	15.988 €	16.724 €
3%	14.169 €	14.788 €	15.440 €	16.127 €	16.850 €	17.612 €
4%	14.984 €	15.626 €	16.302 €	17.014 €	17.763 €	18.552 €
5%	15.848 €	16.515 €	17.216 €	17.954 €	18.730 €	19.547 €
6%	16.766 €	17.458 €	18.185 €	18.950 €	19.754 €	20.600 €
7%	17.740 €	18.458 €	19.213 €	20.006 €	20.840 €	21.716 €
8%	18.775 €	19.520 €	20.303 €	21.125 €	21.989 €	22.897 €
9%	19.872 €	20.646 €	21.458 €	22.311 €	23.207 €	24.148 €
10%	21.037 €	21.840 €	22.683 €	23.568 €	24.497 €	25.472 €
11%	22.274 €	23.108 €	23.982 €	24.900 €	25.863 €	26.874 €
12%	23.585 €	24.451 €	25.359 €	26.312 €	27.310 €	28.358 €
13%	24.977 €	25.876 €	26.819 €	27.807 €	28.842 €	29.928 €
14%	26.453 €	27.387 €	28.366 €	29.391 €	30.465 €	31.591 €
15%	28.019 €	28.989 €	30.005 €	31.069 €	32.183 €	33.350 €

Por ejemplo, en la casilla correspondiente a una rentabilidad real del 5% y un ahorro constante, tenemos el capital que se conseguiría con esos parámetros (15.848 €). Pero se podría llegar a un resultado similar con una rentabilidad del 4% anual y un incremento real del ahorro del 1% anual (15.626 €), con un 3% y un 2% respectivamente (15.440 €), con un 2% y un 4% respectivamente (15.988 €) y finalmente, con una rentabilidad del 1% anual pero incrementando el ahorro un 5% anual real. Se puede apreciar que para sumas iguales de ambas variables, las cantidades decrecen a medida que dependemos más del incremento del ahorro que de la rentabilidad del capital, por el motivo explicado al principio de este capítulo. Por ejemplo, para obtener un capital similar al que produce una rentabilidad del 5% anual (15.848 €) deberíamos incrementar el ahorro un 5% anual y obtener una rentabilidad del 1% anual, lo que suma un 6%.

Imagina que quieres obtener un capital de 18.775 € al cabo de diez años empezando con un ahorro anual de 1.200 €. En el cuadro anterior verás que deberías obtener una rentabilidad del capital del 8% anual. Si crees que solo podrás obtener una rentabilidad del 5% anual, tu capital final sería de 15.848 €, por lo que tendrías que aumentar cada año tu aportación al plan de ahorro para acercarte a tu objetivo. En el mismo cuadro verás que ese incremento debería ser del 4% anual, en cuyo caso tu capital sería de 18.730 €.

El siguiente cuadro ofrece el resultado de la combinación de las dos variables consideradas para un plan de ahorro a veinte años.

Capital final al cabo de 20 años con un ahorro inicial de 1.200 € / año						
Rentabilidad real	Incremento anual real del ahorro					
	0%	1%	2%	3%	4%	5%
0%	24.000 €	26.423 €	29.157 €	32.244 €	35.734 €	39.679 €
1%	26.687 €	29.285 €	32.210 €	35.507 €	39.226 €	43.423 €
2%	29.740 €	32.529 €	35.663 €	39.188 €	43.157 €	47.628 €
3%	33.212 €	36.210 €	39.572 €	43.347 €	47.587 €	52.356 €
4%	37.163 €	40.391 €	44.003 €	48.049 €	52.587 €	57.679 €
5%	41.663 €	45.143 €	49.029 €	53.373 €	58.234 €	63.679 €
6%	46.791 €	50.548 €	54.734 €	59.403 €	64.618 €	70.448 €
7%	52.638 €	56.699 €	61.214 €	66.241 €	71.842 €	78.092 €
8%	59.308 €	63.703 €	68.580 €	73.998 €	80.023 €	86.731 €
9%	66.917 €	71.682 €	76.956 €	82.803 €	89.292 €	96.501 €
10%	75.603 €	80.774 €	86.486 €	92.803 €	99.800 €	107.559 €
11%	85.518 €	91.137 €	97.330 €	104.166 €	111.720 €	120.080 €
12%	96.838 €	102.952 €	109.675 €	117.080 €	125.247 €	134.266 €
13%	109.764 €	116.423 €	123.731 €	131.762 €	140.602 €	150.343 €
14%	124.522 €	131.784 €	139.736 €	148.458 €	158.036 €	168.571 €
15%	141.372 €	149.300 €	157.963 €	167.445 €	177.837 €	189.243 €

Lo primero que se percibe es que las cifras del capital son mucho más elevadas: es el efecto de la rentabilidad compuesta.

Pero el aumento del ahorro real también tiene efectos acumulativos destacables. Vemos, por ejemplo, que incluso con una rentabilidad real nula del capital, un incremento del ahorro del 5% anual por encima de la inflación proporcionaría un capital de casi 40.000 €, frente a los 24.000 € que se obtendrían sin dicho incremento.

El cuadro siguiente muestra los efectos de alargar el plazo de un plan de ahorro a treinta años. Si se compara con los resultados a diez y veinte años, las cifras aumentan proporcionalmente más que el tiempo.

Por ejemplo, con una rentabilidad del capital del 5% anual sin aumentar el ahorro real, el capital al cabo de diez años es de 15.848 € y al cabo de veinte es de 41.663 €: doble de tiempo y un capital 2,63 veces superior. Al cabo de treinta años el capital es de 83.713 €: el triple de tiempo y un capital 5,3 veces superior. El capital a treinta años es, a su vez, justo el doble que el capital a veinte años pero el aumento del tiempo es del 50%.

A un plazo de cuarenta años, con una rentabilidad del 5% anual el capital resultante es de 152.208 €, 3,65 veces más que el capital a veinte años por el doble de tiempo, y 9,6 veces más que el capital a diez años por un tiempo cuatro veces superior.

Capital final al cabo de 30 años con un ahorro inicial de 1.200 € / año						
Rentabilidad real	Incremento anual real del ahorro					
	0%	1%	2%	3%	4%	5%
0%	36.000 €	41.742 €	48.682 €	57.090 €	67.302 €	79.727 €
1%	42.159 €	48.523 €	56.178 €	65.412 €	76.580 €	90.115 €
2%	49.655 €	56.734 €	65.209 €	75.386 €	87.641 €	102.432 €
3%	58.803 €	66.708 €	76.125 €	87.381 €	100.874 €	117.091 €
4%	69.994 €	78.855 €	89.359 €	101.854 €	116.762 €	134.602 €
5%	83.713 €	93.684 €	105.444 €	119.365 €	135.897 €	155.590 €
6%	100.562 €	111.825 €	125.042 €	140.608 €	159.006 €	180.821 €
7%	121.288 €	134.058 €	148.967 €	166.438 €	186.987 €	211.238 €
8%	146.815 €	161.348 €	178.228 €	197.909 €	220.944 €	247.999 €
9%	178.290 €	194.889 €	214.069 €	236.321 €	262.235 €	292.526 €
10%	217.132 €	236.156 €	258.028 €	283.275 €	312.532 €	346.565 €
11%	265.096 €	286.972 €	311.998 €	340.743 €	373.890 €	412.262 €
12%	324.351 €	349.588 €	378.317 €	411.154 €	448.838 €	492.249 €
13%	397.578 €	426.779 €	459.863 €	497.498 €	540.479 €	589.758 €
14%	488.084 €	521.969 €	560.182 €	603.448 €	652.628 €	708.749 €
15%	599.948 €	639.373 €	683.635 €	733.522 €	789.967 €	854.080 €

Rentabilidad real	Capital final al cabo de 40 años con un ahorro inicial de 1.200 € / año					
	Incremento anual real del ahorro					
	0%	1%	2%	3%	4%	5%
0%	48.000 €	58.664 €	72.482 €	90.482 €	114.031 €	144.960 €
1%	59.250 €	71.465 €	87.164 €	107.454 €	133.811 €	168.199 €
2%	73.932 €	88.027 €	105.986 €	129.009 €	158.690 €	197.144 €
3%	93.196 €	109.582 €	130.274 €	156.578 €	190.218 €	233.477 €
4%	118.592 €	137.786 €	161.802 €	192.065 €	230.449 €	279.423 €
5%	152.208 €	174.860 €	202.942 €	238.011 €	282.110 €	337.919 €
6%	196.857 €	223.792 €	256.870 €	297.804 €	348.827 €	412.857 €
7%	256.331 €	288.592 €	327.842 €	375.969 €	435.423 €	509.393 €
8%	335.737 €	374.649 €	421.556 €	478.548 €	548.321 €	634.372 €
9%	441.950 €	489.201 €	545.649 €	613.613 €	696.076 €	796.880 €
10%	584.222 €	641.966 €	710.345 €	791.948 €	890.081 €	1.008.989 €
11%	774.992 €	845.980 €	929.334 €	1.027.952 €	1.145.517 €	1.286.732 €
12%	1.030.971 €	1.118.722 €	1.220.929 €	1.340.848 €	1.482.599 €	1.651.411 €
13%	1.374.583 €	1.483.607 €	1.609.615 €	1.756.285 €	1.928.240 €	2.131.319 €
14%	1.835.890 €	1.971.968 €	2.128.100 €	2.308.456 €	2.518.249 €	2.764.022 €
15%	2.455.145 €	2.625.693 €	2.820.035 €	3.042.917 €	3.300.239 €	3.599.365 €

¿Se cumple ese mismo tipo de incremento más que proporcional si únicamente incrementamos el ahorro y la rentabilidad del capital es nula?

Efectivamente, los incrementos son más que proporcionales respecto al tiempo pero las proporciones son mayores cuando la rentabilidad del capital es positiva.

Por ejemplo, para una rentabilidad nula y un incremento real del ahorro del 3% anual, y para un ahorro inicial de 1.200 €, el capital a diez, veinte y cuarenta años es de 13.757 €, 32.244 € y 90.482 € respectivamente. El capital aumenta en un factor de 2,3 cuando el plazo pasa de diez a veinte años, en un factor de 2,8 cuando el plazo pasa de veinte a cuarenta años y en un factor de 6,6 cuando el plazo pasa de diez a cuarenta años.

A un plazo de veinte años, un incremento de la cantidad ahorrada del 5% anual puede no ser factible si se empezó con una cantidad elevada, aunque puede serlo si la cantidad inicial era relativamente reducida. Un 5% anual al cabo de 19 años (se considera que el número de años en que se aumenta el ahorro siempre es uno menos que la duración del plan porque el incremento empieza a partir del segundo año) implica multiplicar por 2,5 la cantidad inicial. Esto significa que en este período nuestro salario real o nuestros ingresos reales deberían multiplicarse por 2,5 para que el sacrificio relativo (ahorro en relación al salario) permaneciera constante a lo largo del período.

No todo el mundo tiene la suerte de que sus ingresos crezcan a un ritmo elevado por encima de la inflación. No obstante, si se empezó ahorrando un porcentaje relativamente bajo de los ingresos (pongamos un 5%) y los gastos se reducen (por ejemplo, si se ha acabado de pagar el préstamo del coche, la hipoteca, los costes escolares, etc.), el incremento del ahorro en términos reales puede ser relativamente elevado. Para períodos de 30 y 40 años debemos considerar como más plausible un incremento real de la cantidad ahorrada no superior a un 2% anual si la cantidad inicial del plan de ahorro es significativa (a partir del 10% del salario o ingresos) ya que lo habitual es que los ingresos se incrementen en términos reales solo durante una etapa de la vida laboral.

3.3. Cómo el incremento de las aportaciones reduce el ahorro inicial necesario

Como he comentado anteriormente, si la cantidad inicial que prevemos ahorrar no es suficiente para obtener el capital que deseamos en el futuro, la solución puede ser empezar con la cantidad prevista e ir incrementándola cada año por encima de la tasa de inflación. El cuadro siguiente indica las cantidades anuales a ahorrar para conseguir un capital de 25.000 € al cabo de diez años, según la rentabilidad real del capital y la tasa real de incremento del ahorro.

Cantidad a ahorrar para obtener un capital de 25.000 € al cabo de 10 años						
Rentabilidad real	Incremento anual real del ahorro					
	0%	1%	2%	3%	4%	5%
0%	2.500 €	2.390 €	2.284 €	2.184 €	2.085 €	1.990 €
1%	2.366 €	2.265 €	2.165 €	2.070 €	1.980 €	1.890 €
2%	2.239 €	2.147 €	2.052 €	1.962 €	1.880 €	1.795 €
3%	2.119 €	2.034 €	1.945 €	1.861 €	1.786 €	1.705 €
4%	2.006 €	1.920 €	1.844 €	1.765 €	1.690 €	1.619 €
5%	1.898 €	1.818 €	1.748 €	1.674 €	1.603 €	1.538 €
6%	1.790 €	1.721 €	1.653 €	1.588 €	1.520 €	1.461 €
7%	1.692 €	1.630 €	1.563 €	1.503 €	1.442 €	1.384 €
8%	1.599 €	1.540 €	1.478 €	1.422 €	1.368 €	1.311 €
9%	1.512 €	1.455 €	1.398 €	1.346 €	1.295 €	1.243 €
10%	1.429 €	1.375 €	1.323 €	1.274 €	1.226 €	1.178 €
11%	1.349 €	1.299 €	1.252 €	1.205 €	1.161 €	1.116 €
12%	1.273 €	1.227 €	1.184 €	1.141 €	1.099 €	1.058 €
13%	1.202 €	1.159 €	1.121 €	1.079 €	1.040 €	1.002 €
14%	1.135 €	1.095 €	1.060 €	1.021 €	986 €	950 €
15%	1.071 €	1.035 €	1.003 €	967 €	935 €	900 €

El cuadro siguiente recoge la misma información para un período de veinte años y en la página siguiente, para plazos de treinta y cuarenta años.

Por ejemplo, imagina que tu objetivo es obtener un patrimonio de 25.000 € al cabo de veinte años con una rentabilidad esperada del 6% anual y un ahorro de unos 500 € al año. En el cuadro vemos que para conseguir un capital de este importe con una tasa del 6% anual deberías ahorrar 641 € al año. Si lo que puedes ahorrar inicialmente son 500 €, entonces una opción sería empezar con 505 € e incrementar tu aportación un 3% anual por encima de la inflación (ver fila correspondiente a una rentabilidad del 6% y columna correspondiente a un incremento del ahorro del 3%).

Para cualquier otro nivel de capital hay que aplicar la proporción pertinente. Por ejemplo, si tu objetivo es un capital de 40.000 €, la cantidad inicial a ahorrar durante veinte años con los parámetros anteriores sería de 40.000/25.000 (o 40/25) multiplicado por 505 €, o sea 808 €.

En un plazo de diez años la cantidad inicial debería ser de 1.588 € para una rentabilidad del 6% anual y un incremento del ahorro del 3% anual (ver cuadro de la página anterior). Esos diez años suplementarios suponen rebajar la cantidad inicial de 1.588 € a 505 €. En un plan de ahorro a treinta años, la cantidad necesaria sería de 216 € y en un plan a cuarenta años, de 101 € (ver cuadros de la página siguiente).

Cantidad a ahorrar para obtener un capital de 25.000 € al cabo de 20 años						
Rentabilidad real	Incremento anual real del ahorro					
	0%	1%	2%	3%	4%	5%
0%	1.250 €	1.136 €	1.029 €	931 €	840 €	757 €
1%	1.124 €	1.025 €	932 €	845 €	765 €	693 €
2%	1.009 €	923 €	844 €	767 €	697 €	634 €
3%	904 €	829 €	760 €	694 €	634 €	575 €
4%	807 €	743 €	682 €	626 €	572 €	521 €
5%	720 €	665 €	612 €	565 €	516 €	472 €
6%	641 €	594 €	549 €	505 €	465 €	426 €
7%	570 €	530 €	491 €	455 €	419 €	384 €
8%	506 €	472 €	439 €	406 €	378 €	347 €
9%	449 €	419 €	390 €	362 €	336 €	313 €
10%	397 €	372 €	347 €	323 €	301 €	280 €
11%	351 €	330 €	309 €	288 €	270 €	251 €
12%	310 €	293 €	275 €	257 €	240 €	225 €
13%	274 €	260 €	244 €	230 €	214 €	200 €
14%	242 €	228 €	215 €	203 €	190 €	179 €
15%	213 €	202 €	190 €	179 €	169 €	159 €

Cantidad a ahorrar para obtener un capital de 25.000 € al cabo de 30 años						
Rentabilidad real	Incremento anual real del ahorro					
	0%	1%	2%	3%	4%	5%
0%	834 €	720 €	620 €	530 €	450 €	380 €
1%	712 €	620 €	535 €	460 €	395 €	335 €
2%	605 €	534 €	462 €	399 €	347 €	295 €
3%	511 €	450 €	398 €	347 €	300 €	258 €
4%	430 €	382 €	339 €	301 €	260 €	225 €
5%	360 €	324 €	286 €	255 €	222 €	194 €
6%	299 €	270 €	241 €	216 €	190 €	167 €
7%	248 €	225 €	204 €	183 €	162 €	144 €
8%	205 €	187 €	169 €	152 €	137 €	122 €
9%	169 €	156 €	140 €	128 €	116 €	104 €
10%	140 €	130 €	116 €	108 €	97 €	88 €
11%	114 €	106 €	97 €	89 €	81 €	73 €
12%	93 €	87 €	80 €	73 €	68 €	62 €
13%	76 €	71 €	66 €	61 €	56 €	51 €
14%	62 €	58 €	54 €	50 €	47 €	43 €
15%	50 €	47 €	45 €	41 €	38 €	36 €

Cantidad a ahorrar para obtener un capital de 25.000 € al cabo de 40 años						
Rentabilidad real	Incremento anual real del ahorro					
	0%	1%	2%	3%	4%	5%
0%	625 €	512 €	420 €	336 €	265 €	210 €
1%	511 €	420 €	348 €	281 €	225 €	180 €
2%	410 €	345 €	288 €	235 €	191 €	154 €
3%	325 €	277 €	232 €	197 €	162 €	132 €
4%	258 €	223 €	187 €	160 €	132 €	111 €
5%	200 €	172 €	150 €	130 €	107 €	93 €
6%	155 €	134 €	118 €	101 €	87 €	75 €
7%	118 €	104 €	93 €	80 €	70 €	60 €
8%	90 €	81 €	73 €	63 €	55 €	49 €
9%	68 €	62 €	55 €	49 €	43 €	38 €
10%	52 €	47 €	43 €	38 €	34 €	30 €
11%	39 €	36 €	33 €	29 €	27 €	23 €
12%	30 €	27 €	25 €	23 €	21 €	18 €
13%	22 €	21 €	19 €	18 €	16 €	14 €
14%	16 €	16 €	15 €	13 €	12 €	11 €
15%	12 €	12 €	11 €	10 €	9 €	9 €

Segunda parte:

Historias para entender conceptos importantes

1. La liebre y la tortuga o la rentabilidad compuesta

Imagina que puedes elegir entre dos fondos de inversión, el Liebre y el Tortuga. Las rentabilidades de cada uno en los últimos siete años se indican en la tabla siguiente. A simple vista, ¿cuál elegirías?

Año	Fondo Liebre	Fondo Tortuga
1	20%	9%
2	25%	8%
3	-34%	11%
4	25%	7%
5	30%	8%
6	-27%	9%
7	42%	3%

El Fondo Liebre parece más rentable porque a pesar de dos años de fuertes pérdidas tiene también cinco años de fuertes ganancias.

Si te presentan estos datos en el banco y coges una calculadora para hallar la rentabilidad media de cada fondo, verás que la del Liebre es del 11,57% anual y la del Tortuga, del 7,86% anual.

Sin embargo, esta operación no es correcta. Los porcentajes positivos y negativos no pueden sumarse entre sí. Por ejemplo, ¿cuál es la media entre 50% y -30%? No se puede restar 30% a 50% y dividir por dos. Si un año gano un 50% y al siguiente pierdo un 30%, me quedaré con un 5%, y no con un 20%. O sea, al principio tenía 100 y al cabo de un año tenía 150. Al año siguiente perdí un 30%, de forma que me quedé con el 70% de lo que tenía al final del primer año, es decir: 150 x 0,70 = 105.

Habré ganado un 5% en dos años. Entonces, ¿cuál ha sido la rentabilidad media anual? Tampoco es correcto decir que ha sido del 2,5% anual. Debemos calcular la media compuesta: $(1,05)^{1/2} - 1 = 2,47\%$ anual.

La forma de hallar la verdadera rentabilidad de cada fondo es construyendo un índice para ambos. Lo primero que hacemos es establecer una base, que puede ser el número 100 o cualquier otro. El valor del índice parte del momento en que el fondo inicia sus operaciones. Si al cabo de un año el fondo ha ganado un 20%, el índice parte de un valor 100 un año antes y al cabo del año vale 120.

El momento inicial del índice puede denominarse año 0, fecha de inicio o año base. Sobre el valor inicial del índice (100, en este caso) aplicamos las rentabilidades sucesivas. Tras el primer año, el índice del Fondo Liebre vale 120 y el del Tortuga, 109. El segundo año, el indice del Fondo Liebre vale 120 x 1,25 = 150, y el del Tortuga, 109 x 1,08 = 117,72.

Un índice también representa el capital en euros que tendríamos si hubiéramos invertido en cada fondo. Por ejemplo, si hubiéramos invertido 100 € en el Fondo Liebre desde el principio, al cabo de dos años tendríamos 150 € y si lo hubiéramos hecho en el Tortuga, 117,72 €.

Año	Fondo Liebre		Fondo Tortuga	
	Rentabilidad	Indice	Rentabilidad	Indice
Base		100,00		100,00
1	20%	120,00	9%	109,00
2	25%	150,00	8%	117,72
3	-34%	99,00	11%	130,67
4	25%	123,75	7%	139,82
5	30%	160,88	8%	151,00
6	-27%	117,44	9%	164,59
7	42%	166,76	3%	169,53

En las columnas donde figuran los índices se puede ver con más claridad la verdadera evolución de cada fondo. Se comprueba que 100 € invertidos en el Liebre se habrían convertido en 166,76 € al final del período mientras que en el Tortuga habrían crecido a 169,53 €. Por tanto, el Fondo Tortuga fue más rentable, a pesar de que la rentabilidad simple del Liebre es bastante más alta.

La forma correcta de calcular la rentabilidad es la siguiente:

Fondo Liebre: $(166,76 / 100)^{1/7} - 1 = 7,58\%$ anual.
Fondo Tortuga: $(169,53 / 100)^{1/7} - 1 = 7,83\%$ anual.

Se puede observar que la rentabilidad simple y la compuesta es prácticamente la misma en el Fondo Tortuga pero muy diferente en el Liebre. Esto es porque el primero no tiene rentabilidades negativas mientras que el segundo sí. Así, la existencia de porcentajes negativos puede causar espejismos que solo una calculadora puede despejar.

Rentabilidad	Fondo Liebre	Fondo Tortuga
Simple	11,57%	7,86%
Compuesta	7,58%	7,83%

2. Salomón o la diversificación

Cuando te dije que eligieras entre el Fondo Liebre y el Tortuga, ¿se te ocurrió la posibilidad de invertir la mitad en cada uno?

A partir de ambos fondos podríamos crear un "Fondo Salomón" compuesto en un 50% por el Liebre y en otro 50% por el Tortuga. Los resultados se indican en las dos últimas columnas del cuadro siguiente:

Año	Fondo Liebre		Fondo Tortuga		50% Liebre y 50% Tortuga	
	Rentabilidad	Indice	Rentabilidad	Indice	Rentabilidad	Indice
Base		100,00		100,00		100,00
1	20%	120,00	9%	109,00	14,5%	114,50
2	25%	150,00	8%	117,72	16,5%	133,39
3	-34%	99,00	11%	130,67	-11,5%	118,05
4	25%	123,75	7%	139,82	16,0%	136,94
5	30%	160,88	8%	151,00	19,0%	162,96
6	-27%	117,44	9%	164,59	-9,0%	148,29
7	42%	166,76	3%	169,53	22,5%	181,66

Lo que se aprecia es que el Fondo Salomón hubiera sido menos arriesgado que el Liebre pero más rentable que el Tortuga. Cien euros invertidos en el Salomón se habrían convertido en 181,66 € al cabo del período, frente a 166,76 € en el Liebre y 169,53 € en el Tortuga.

Este ejemplo demuestra que la diversificación hace posible reducir el riesgo y además aumentar la rentabilidad, pues el Fondo Salomón es menos volátil y genera mayores ganancias que el Liebre. Frente al Tortuga, la mayor rentabilidad del Salomón sí se produce a costa de un mayor riesgo y aquí cada inversor debe valorar si le compensa esta mayor volatilidad a cambio de la ganancia diferencial generada.

Desde un punto de vista de largo plazo, basar la decisión en la incapacidad de decidirse por uno u otro fondo habría sido la mejor opción.

Cuando vamos a comprar algo en una tienda y estamos indecisos entre dos artículos no podemos llevarnos la mitad de cada uno. En cambio, cuando vamos a una "tienda financiera" sí podemos hacerlo porque los productos financieros son divisibles. Esto último es particularmente cierto cuando no hay una cantidad mínima para invertir, algo que ocurre con muchos fondos tradicionales y todos los fondos cotizados.

Pero hay un detalle importante. Los resultados anteriores presuponen que cada año partimos con la mitad en cada fondo. Esto implica que al final de cada año debemos vender parte del fondo que ha subido, o que lo ha hecho relativamente mejor, para invertirlo en el otro.

De hecho, esta es la razón por la cual el Fondo Salomón es menos arriesgado que el Liebre. Cuando un fondo tiene una rentabilidad excepcional, podemos esperar una reversión a la media y que lo haga peor que la mayoría de los fondos. Al vender parte de ese fondo reducimos el riesgo y además aumentamos nuestra exposición al fondo que ha ido relativamente peor y que al año siguiente tiene más probabilidades de ir relativamente mejor.

Si no se reajustan las ponderaciones cada año para que cada fondo esté equitativamente representado, los resultados son los siguientes:

Año	50% Liebre y 50% Tortuga, sin reajustar ponderaciones			
	Liebre	Tortuga	Total	Rentabilidad
0	50,00	50,00	100,00	
1	60,00	54,50	114,50	14,5%
2	75,00	58,86	133,86	16,9%
3	49,50	65,33	114,83	-14,2%
4	61,88	69,91	131,78	14,8%
5	80,44	75,50	155,94	18,3%
6	58,72	82,30	141,02	-9,6%
7	83,38	84,76	168,15	19,2%

Se observa una reducción significativa del riesgo respecto al Fondo Liebre pero la ganancia acumulada es menor que la del Tortuga. El cuadro siguiente indica la rentabilidad compuesta anual de cada alternativa. Este es un resultado importante. En general, la diversificación en sí misma permite reducir la volatilidad respecto a los activos de mayor riesgo pero no necesariamente nos dará una mayor rentabilidad a la de estos. En ocasiones, en cambio, nos permite reducir el riesgo y al mismo tiempo aumentar la rentabilidad.

Fondo Liebre	Fondo Tortuga	Fondo Salomón	
		con reajuste	sin reajuste
7,58%	7,83%	8,90%	7,71%

En el ejemplo que hemos visto, las pérdidas del tercer y sexto años son menores si se reajustan las ponderaciones. Esto es porque se reduce la exposición al riesgo cuando el Fondo Liebre ha sido muy rentable.

Además, las ganancias en los años positivos son mayores porque después de un año negativo del Fondo Liebre, se aumenta la apuesta por el riesgo.

O sea, la decisión de dividir el capital en ambos fondos es más eficaz si cada año volvemos a partir con los parámetros iniciales. Dicho de un modo un tanto melodramático, si al final de cada año nos sentimos tan indecisos como el primero, si reajustamos las ponderaciones de modo que nuestra permanente incapacidad para decidir quede reflejada en la estructura de nuestro patrimonio (es suficiente con que sea una vez al año).

El cuadro siguiente ilustra cómo se produce la ganancia de rentabilidad gracias al reequilibrio de las ponderaciones.

Al principio partimos con 50 € en cada fondo. El primer año, el Liebre gana un 20% y el Tortuga un 9% (las rentabilidades figuran en el primer cuadro de este capítulo). Así, al final del año 1 tenemos 60 € en el Liebre y 54,50 € en el Tortuga. El primero pondera un 52,40% sobre el capital total, de modo que vendemos el 2,4% del Liebre e invertimos esa cantidad en el Tortuga con objeto de iniciar el segundo año con ponderaciones equitativas (57,25 € en cada fondo).

Año	Cantidad invertida			Ponderaciones	
	Liebre	Tortuga	Total	Liebre	Tortuga
Inicio	50,00 €	50,00 €	100,00 €	50,00%	50,00%
Fin año 1	60,00 €	54,50 €	114,50 €	52,40%	47,60%
Inicio año 2	57,25 €	57,25 €	114,50 €	50,00%	50,00%
Fin año 2	71,56 €	61,83 €	133,39 €	53,65%	46,35%
Inicio año 3	66,70 €	66,70 €	133,39 €	50,00%	50,00%
Fin año 3	44,02 €	74,03 €	118,05 €	37,29%	62,71%
Inicio año 4	59,03 €	59,03 €	118,05 €	50,00%	50,00%
Fin año 4	73,78 €	63,16 €	136,94 €	53,88%	46,12%
Inicio año 5	68,47 €	68,47 €	136,94 €	50,00%	50,00%
Fin año 5	89,01 €	73,95 €	162,96 €	54,62%	45,38%
Inicio año 6	81,48 €	81,48 €	162,96 €	50,00%	50,00%
Fin año 6	59,48 €	88,81 €	148,29 €	40,11%	59,89%
Inicio año 7	74,15 €	74,15 €	148,29 €	50,00%	50,00%
Fin año 7	105,29 €	76,37 €	181,66 €	57,96%	42,04%

Al final del segundo año, el Fondo Liebre vuelve a estar sobreponderado, así que repetimos la misma operación que el año anterior. Al final del tercer año, ocurre lo contrario, es el Tortuga el que está sobreponderado, y además de modo muy significativo, porque el Liebre ha sufrido una fuerte caída del 34%. Se vendería el 12,71% del Tortuga para invertirlo en el Liebre. El cuarto año el Liebre gana un 25% mientras que el Tortuga solo un 7%, de forma que el reajuste ha sido muy rentable.

Si seguimos reequlibrando el capital año tras año del modo descrito, al final del período llegamos a una suma de 181,66 €, que es la cifra que se indicaba en la última columna del primer cuadro de este capítulo, y que es más de lo que se obtiene en cualquiera de los dos fondos por separado.

El inconveniente de estos reajustes viene dado por el coste en comisiones. Si las operaciones son de escaso importe, los costes en términos porcentuales pueden ser elevados. Aunque quedan diluidos en el capital total, ya que precisamente solo movemos una pequeña parte del patrimonio, y pueden verse sobradamente compensados por la ganancia de rentabilidad que suele generar el reequilibrio de las ponderaciones.

De todos modos, si queremos ahorrar en comisiones, veamos qué ocurre si solo reajustamos las ponderaciones cuando el desequilibrio es significativo, por ejemplo cuando uno de los fondos pondera un 55% o más. Este proceder queda ilustrado en el cuadro siguiente.

Año	Cantidad invertida			Ponderaciones		Reajuste
	Liebre	Tortuga	Total	Liebre	Tortuga	
Inicio	50,00 €	50,00 €	100,00 €	50,00%	50,00%	
Fin año 1	60,00 €	54,50 €	114,50 €	52,40%	47,60%	NO
Inicio año 2	60,00 €	54,50 €	114,50 €	52,40%	47,60%	
Fin año 2	75,00 €	58,86 €	133,86 €	**56,03%**	43,97%	SI
Inicio año 3	66,93 €	66,93 €	133,86 €	50,00%	50,00%	
Fin año 3	44,17 €	74,29 €	118,47 €	37,29%	**62,71%**	SI
Inicio año 4	59,23 €	59,23 €	118,47 €	50,00%	50,00%	
Fin año 4	74,04 €	63,38 €	137,42 €	53,88%	46,12%	NO
Inicio año 5	74,04 €	63,38 €	137,42 €	53,88%	46,12%	
Fin año 5	96,25 €	68,45 €	164,70 €	**58,44%**	41,56%	SI
Inicio año 6	82,35 €	82,35 €	164,70 €	50,00%	50,00%	
Fin año 6	60,12 €	89,76 €	149,88 €	40,11%	**59,89%**	SI
Inicio año 7	74,94 €	74,94 €	149,88 €	50,00%	50,00%	
Fin año 7	106,41 €	77,19 €	183,60 €	57,96%	42,04%	SI

Al final del primer año no reajustamos las ponderaciones porque el desequilibrio es poco significativo. Al final del segundo año, sí, porque el Fondo Liebre supone un 56% del patrimonio, de modo que los 133,86 € del capital se dividirían a partes iguales. Al final del tercer año también, pues el Fondo Liebre solo supone el 37% del capital. El cuarto año no es necesaria ninguna operación porque ningún fondo pondera más del 55%. El quinto y el sexto año se vuelven a reequilibrar las participaciones relativas.

El resultado es que al final del período el capital sería de 183,60 €, aún mejor que en el caso de reajustes sistemáticos. No siempre será así, pues el resultado final dependerá de la estructura de rentabilidades, pero puede ser una buena idea limitar los reajustes según un nivel determinado de desequilibrio.

He probado de ver el resultado que se obtendría si se limitaran los reajustes cuando la ponderación de uno de los fondos alcanzara el 60%. En ningún año se hubiera alcanzado ese porcentaje, dada la estructura de rentabilidades (el 62,7% que se alcanza el tercer año en el ejemplo anterior se debe a que el año anterior ya se produjo un reajuste). Por tanto, conviene no esperar a que el desequilibrio sea excesivo.

En definitiva, la diversificación:

* siempre supone mayor seguridad frente a la alternativa de invertir en un único producto de riesgo,

* a veces también nos dará una rentabilidad superior a la de los activos de riesgo, en particular si se reajustan las ponderaciones de tal modo que se reduzca la exposición a los activos de riesgo cuando estos se revaloricen y se aumente dicha exposición en caso contrario.

3. La pipa de la paz o la TIR

3.1. Una reunión acalorada

Un concepto importante cuando realizamos aportaciones periódicas a un plan de ahorro es el de la Tasa Interna de Rentabilidad (TIR). Veremos por qué es tan importante este concepto y qué información, a veces sorprendente, puede darnos.

Imagina que gestionas un fondo de inversión y que has tenido las rentabilidades que se indican en la segunda columna del cuadro siguiente. Un inversor que hubiera invertido 100 € en tu fondo desde el principio habría obtenido 207,19 € al cabo del período de cinco años (ver tercera columna).

Año	Rentabilidad	Indice
0		100,00
1	30,00%	130,00
2	20,00%	156,00
3	25,00%	195,00
4	-15,00%	165,75
5	25,00%	**207,19**

El valor de tu fondo se ha multiplicado por 2,0719 en cinco años. La rentabilidad anual ha sido del 15,68% (Este resultado se encuentra elevando 2,0719 a 1/5 y restando la unidad).

Sin embargo, en la reunión anual que sueles celebrar con tus clientes, cada uno de ellos afirma haber obtenido una rentabilidad que no coincide con la que tú aseguras haber logrado. Cada uno de ellos ha invertido un total de 100.000 € pero ha acabado con capitales muy diferentes entre sí, de modo que algunos creen que has favorecido a unos frente a otros. La reunión resulta ser más acalorada que la de una comunidad de vecinos.

Tú sabes que cada cliente ha invertido la misma cantidad pero que la ha distribuido de diferente forma a lo largo de los años. Para aplacar los ánimos tendrás que pasar a cada cliente tu pipa de la paz: la TIR.

3.2. El cliente precavido

El cliente al que llamaremos Precavido tenía 100.000 € hace cinco años pero empezó invirtiendo 10.000 € para ver qué tal lo hacías. Como el primer año ganaste un 30%, te confió 10.000 € más. El segundo año volviste a obtener un buen resultado y el cliente aportó otros 10.000 €. La ganancia del tercer año fue del 25% y Precavido se quedó tan impresionado que te confió los 70.000 € restantes.

El día de la reunión no se cree que tu rentabilidad media haya sido del 15,68% anual, pues su participación solo vale 124.313 € y según sus cálculos solo ha ganado un 4,45% anual. Lo que ha hecho es dividir el capital final por sus aportaciones, elevar a 1/5 y restar la unidad. O sea $(1{,}2431)^{(1/5)}-1 = 4{,}45\%$.

Tú sabes que ese cálculo sería correcto si Precavido hubiese invertido los 100.000 € de una sola vez al inicio del primer año, pero este no ha sido el caso. Los 124.313 € que vale su participación se han generado de la siguiente forma:

Los 10.000 € de la primera aportación se han convertido en 20.719 €. Es el resultado de multiplicar la aportación por el incremento de valor de tu fondo entre el inicio y el final del período, que es 207,19 dividido por 100 (porque hemos establecido que el valor inicial era 100).

Año	Aportación	Factor		Valor final
0	10.000	207,19 / 100	2,0719	20.719
1	10.000	207,19 / 130	1,5938	15.938
2	10.000	207,19 / 156	1,3281	13.281
3	70.000	207,19 / 195	1,0625	74.375
4	0	207,19 / 165,75	1,2500	0
5	0	207,19 / 207,19	1,0000	0
Capital final				124.313

Los 10.000 € del segundo año se han multiplicado por 207,19 / 130, que es el incremento de valor de tu fondo desde el final del segundo año, que es cuando se realizó la aportación, hasta el final del período. Y así sucesivamente.

Para calcular la rentabilidad anual de este cliente, trataremos cada aportación anual como un capital que ha sido invertido durante un número decreciente de años. La aportación inicial se capitalizará durante cinco años, la del final del primer año durante cuatro años, la del final del segundo año durante tres años y la última, que tiene lugar al final del tercer año, durante dos años.

La suma de las aportaciones capitalizadas a una tasa de rentabilidad determinada, la TIR, tendrá que ser igual al capital final que tiene el cliente, que es de 124.313 €.

En el Apéndice 1 explico detalladamente cómo calcular la TIR con una hoja de cálculo. Aquí me limitaré a exponer los resultados.

Tras probar varios valores para la TIR, hallamos que la rentabilidad (TIR) que resuelve la igualdad es del 8,58%. El cuadro siguiente ilustra los resultados. La aportación inicial de 10.000 € es capitalizada a una TIR del 8,58% anual durante cinco años, la aportación de 10.000 € al final del primer año se capitaliza al 8,58% anual durante cuatro años y así sucesivamente. La columna "Factor" indica por cuánto hemos de multiplicar cada aportación para hallar el valor final de cada una. Finalmente, sumamos todos los valores capitalizados de las aportaciones, que nos da el capital final del cliente.

Año	Aportación	TIR	Factor		Valor final
0	10.000	8,58%	(1,0858)^5		15.090
1	10.000	8,58%	(1,0858)^4		13.898
2	10.000	8,58%	(1,0858)^3		12.800
3	70.000	8,58%	(1,0858)^2		82.524
4	0	8,58%	(1,0858)^1		0
5	0	8,58%	1,0000		0
Capital final					124.313

El cliente Precavido se da cuenta entonces que en realidad ha ganado un 8,58% anual, que es casi el doble de lo que pensaba.

3.3. *El cliente constante*

Otro cliente, al que llamaremos Constante, decidió invertir la misma cantidad (20.000€) cada año, independientemente de que te fuera bien o mal.

Al final de los cinco años, su capital fue de 146.125 €, generados tal como se indica en el cuadro siguiente:

Año	Aportación	Factor		Valor final
0	20.000	207,19 / 100	2,0719	41.438
1	20.000	207,19 / 130	1,5938	31.875
2	20.000	207,19 / 156	1,3281	26.563
3	20.000	207,19 / 195	1,0625	21.250
4	20.000	207,19 / 165,75	1,2500	25.000
5	0	207,19 / 207,19	1,0000	0
Capital final				146.125

Siguiendo un procedimiento similar al utilizado para el cliente precavido, la TIR de Constante resultó ser del 12,92% anual.

Año	Aportación	TIR	Factor	Valor final
0	20.000	**12,92%**	(1,1292)^5	36.721
1	20.000	12,92%	(1,1292)^4	32.519
2	20.000	12,92%	(1,1292)^3	28.798
3	20.000	12,92%	(1,1292)^2	25.503
4	20.000	12,92%	(1,1292)^1	22.584
5	0	12,92%	1,0000	0
Capital final				146.125

En esta monografía adoptaremos la estrategia de este cliente. Es una estrategia sencilla y prudente pero que al mismo tiempo facilita la toma de decisiones. Una de sus grandes ventajas es que permite aprovechar caídas en los precios de los activos en los momentos de mayor incertidumbre, que son los más difíciles a la hora de tomar decisiones pero los mejores para invertir a largo plazo.

Habrá una diferencia: en los planes de ahorro que veremos, las aportaciones se supondrán invertidas al final de cada año y no al principio, ya que antes es preciso generar el ahorro.

3.4. El tipo listo

Un tipo listo invirtió 7.500 € en el inicio y tras cada año positivo. Después del resultado negativo del cuarto año, vio la oportunidad e invirtió 70.000 €, con buen ojo, pues el quinto año la rentabilidad fue del 25%.

Sin embargo, su capital al final del período resultó ser de 132.922 €, bastante inferior al de Constante. A Tipo Listo le hizo muy poca gracia enterarse de que a Constante, que sabía mucho menos que él sobre el funcionamiento de los mercados, le hubiera ido mejor que a él.

El resultado de Tipo Listo queda reflejado en el cuadro siguiente:

Año	Aportación	Factor		Valor final
0	7.500	207,19 / 100	2,0719	15.539
1	7.500	207,19 / 130	1,5938	11.953
2	7.500	207,19 / 156	1,3281	9.961
3	7.500	207,19 / 195	1,0625	7.969
4	70.000	207,19 / 165,75	1,2500	87.500
5	0	207,19 / 207,19	1,0000	0
Capital final				132.922

Pero lo sorprendente es que la rentabilidad de Tipo Listo ha sido del 16,25% anual, que es mucho más de la lograda por Constante. Esta cifra es superior incluso a la que has conseguido tú como gestor, que es el 15,68%. Gracias a la TIR, Tipo Listo se consuela pensando que en el fondo es el que más ha ganado.

Año	Aportación	TIR	Factor	Valor final
0	7.500	**16,25%**	(1,1625)^5	15.925
1	7.500	16,25%	(1,1625)^4	13.699
2	7.500	16,25%	(1,1625)^3	11.784
3	7.500	16,25%	(1,1625)^2	10.136
4	70.000	16,25%	(1,1625)^1	81.377
5	0	16,25%	1,0000	0
Capital final				**132.922**

La TIR de Tipo Listo fue tan alta porque concentró la mayor parte de su capital en un año muy rentable. Su estrategia fue correcta pero al esperar demasiado tiempo una oportunidad de comprar a mejor precio, dicha rentabilidad no se correspondió con ganancias efectivas del mismo nivel.

3.5. Las mejores estrategias para un inversor constante

Hemos visto que el inversor constante obtuvo una TIR del 12,92% anual mientras que la rentabilidad de tu fondo fue del 15,68%. La razón de esta diferencia tiene que ver con la distribución temporal de tus resultados, que fueron mejores en los primeros años.

Supón que tú también hubieras obtenido una rentabilidad constante, como se indica en el cuadro siguiente:

Año	Rentabilidad	Indice
0		100,00
1	15,68%	115,68
2	15,68%	133,83
3	15,68%	154,82
4	15,68%	179,10
5	15,68%	**207,19**

Entonces el cliente constante habría obtenido un capital más elevado que en el caso anterior, 158.123 €.

Año	Aportación	Factor		Valor final
0	20.000	207,19 / 100	2,0719	41.438
1	20.000	207,19 / 115,68	1,7910	35.820
2	20.000	207,19 / 133,83	1,5482	30.963
3	20.000	207,19 / 154,82	1,3383	26.766
4	20.000	207,19 / 179,1	1,1568	23.137
5	0	207,19 / 207,19	1,0000	0
Capital final				158.123

Su TIR habría sido exactamente igual a tu rentabilidad:

Año	Aportación	TIR	Factor	Valor final
0	20.000	15,68%	(1,1568)^5	41.438
1	20.000	15,68%	(1,1568)^4	35.820
2	20.000	15,68%	(1,1568)^3	30.963
3	20.000	15,68%	(1,1568)^2	26.766
4	20.000	15,68%	(1,1568)^1	23.137
5	0	15,68%	1,0000	0
Capital final				158.123

A un inversor constante le conviene, por tanto, invertir en fondos que tengan poca variabilidad en sus resultados. Aunque dos fondos sean igualmente rentables, él ganará más con el que sea menos volátil.

Un solo producto financiero o un solo fondo no puede proporcionarle esta estabilidad que para él es, además, fuente de mayor rentabilidad. En cambio, una combinación de activos sí puede reducir eficazmente la volatilidad, tal como vimos con el fondo Salomón en el capítulo anterior. Sin embargo, hay una situación que le es aún más favorable que la anterior: que el fondo sea más rentable hacia el final que hacia el principio. Imagina que tu fondo hubiera obtenido el mismo resultado acumulado y las mismas rentabilidades anuales que las indicadas en el primer cuadro de este capítulo pero distribuidas de modo que los últimos años hubiesen sido mejores que los primeros:

Año	Rentabilidad	Indice
0		100,00
1	20,00%	120,00
2	-15,00%	102,00
3	25,00%	127,50
4	25,00%	159,38
5	30,00%	**207,19**

Con esta estructura de resultados, el cliente constante habría alcanzado un capital de 175.095 €, bastante más alto que en los dos supuestos anteriores.

Año	Aportación	Factor		Valor final
0	20.000	207,19 / 100	2,0719	41.438
1	20.000	207,19 / 120	1,7266	34.531
2	20.000	207,19 / 102	2,0313	40.625
3	20.000	207,19 / 127,5	1,6250	32.500
4	20.000	207,19 / 159,38	1,3000	26.000
5	0	207,19 / 207,19	1,0000	0
Capital final				175.094

Su TIR habría sido del 19,29%, superior incluso a la rentabilidad de tu gestión. Esto se debe principalmente a que la pérdida del 15% del segundo año quedará para siempre en tu historial, mientras que el cliente que invierte a partir del tercer año no queda afectado por dicho año negativo.

Año	Aportación	TIR	Factor	Valor final
0	20.000	19,29%	(1,1929)^5	48.318
1	20.000	19,29%	(1,1929)^4	40.503
2	20.000	19,29%	(1,1929)^3	33.953
3	20.000	19,29%	(1,1929)^2	28.462
4	20.000	19,29%	(1,1929)^1	23.859
5	0	19,29%	1,0000	0
Capital final				175.094

Esto ilustra la importancia de evitar invertir en activos o fondos que acumulan un período de rentabilidades excepcionales, ya que lo habitual en estos casos es que los resultados empeoren en años sucesivos. Ilustra también que puede ser muy rentable entrar después de un año negativo.

Por tanto, las mejores estrategias para un inversor que realiza aportaciones regulares a su plan de ahorro es diversificar en varias clases de activos de modo que la rentabilidad de su capital tenga la menor variabilidad posible y evitar activos o fondos que hayan dado rentabilidades excepcionales en años recientes. Si en un año determinado solo puede elegir un activo por restricciones presupuestarias, puede ser una buena idea escoger aquel que ha sufrido un gran retroceso en el año anterior, siempre que se trate de un activo de calidad.

Tercera parte:

Dónde invertir

1. Principales activos

1.1. Activos para todos los perfiles de riesgo

En los capítulos anteriores hemos visto la importancia de diversificar para disminuir el riesgo y aumentar la rentabilidad del capital.

En la tercera Monografía Invesgrama (*En busca del ahorro seguro y rentable*) he llevado a cabo un análisis de diversos activos en el período de cuarenta años que va de 1978 a 2017. Se trata de activos con muy diferente nivel de riesgo: los activos monetarios (depósitos o valores del Tesoro Público a doce meses), el dólar, el franco suizo, los títulos de renta fija a largo plazo, las bolsas de España, Estados Unidos y Alemania, y el oro.

En la tabla siguiente se resumen los resultados hallados, por períodos de diez y veinte años y para el período completo de cuarenta años. Las rentabilidades están expresadas en moneda española (peseta hasta 1998 y euro a partir de 1999).

Período	Activos monetarios	Depósitos dólares	Depósitos fr. suizos	Obligaciones 10 años	Bonos 5 años	Bolsa España	Bolsa EEUU	Bolsa Alemania	Oro
1978-1987	8,99%	8,66%	10,43%	12,07%	11,04%	22,51%	16,62%	11,64%	15,07%
1988-1997	8,77%	7,37%	5,06%	11,83%	10,69%	13,80%	21,76%	17,45%	-1,90%
1998-2007	2,62%	-0,45%	0,68%	4,48%	3,57%	12,98%	3,87%	6,36%	8,05%
2008-2017	1,22%	2,96%	3,71%	4,66%	3,26%	-0,31%	10,89%	4,16%	6,69%
1978-1997	8,88%	8,01%	7,71%	11,95%	10,86%	18,07%	19,16%	14,51%	6,24%
1998-2017	1,92%	1,24%	2,19%	4,57%	3,41%	6,13%	7,32%	5,25%	7,37%
1978-2017	5,34%	4,57%	4,91%	8,20%	7,07%	11,94%	13,09%	9,78%	6,80%

En la tabla A.5 del Apéndice, el lector encontrará la rentabilidad anual de cada uno de estos activos en los cuarenta años del período 1978-2017.

A partir de estos activos podemos hacer diversas combinaciones que permiten reducir de modo significativo el riesgo de los activos más rentables e incrementar la rentabilidad respecto a un capital invertido únicamente en activos seguros. Es decir, dichas combinaciones tienen una relación rentabilidad-riesgo mucho mejor a la de cada activo por separado.

Mientras que en la tercera monografía analicé la rentabilidad de los activos y de varias combinaciones para un capital invertido a partir de una fecha determinada, en esta monografía haré un análisis de rentabilidad de planes de ahorro anuales que hubieran estado basados en algunos de los activos mencionados y en varias combinaciones de los mismos.

1.2. El plazo mínimo para ganar seguro, por activos

¿Qué horizonte temporal deberíamos tener para tener la seguridad de ganar con activos de riesgo?

El cuadro que figura a continuación indica el número de períodos de 1, 3, 5, 7, 10, 13, 15 y 20 años con rentabilidad negativa (en moneda española), para cada uno de los activos antes indicados, en el período 1978-2017.

La primera línea se lee del modo siguiente: en el total de 40 años entre 1978 y 2017, un depósito en dólares generó pérdidas en 17 años, un depósito en francos suizos en 11 años, etc.

La segunda línea nos dice lo siguiente: entre 1978 y 2017 hubo 38 períodos consecutivos de tres años (1978-1980, 1979-1981,...., 2014-2016, 2015-2017). En esos 38 períodos, la bolsa española y la alemana dieron pérdidas en nueve períodos de tres años y la bolsa de Estados Unidos en cinco.

De estos datos podemos inferir, por ejemplo, que la probabilidad de perder dinero tres años después de haber invertido en bolsa española es del 24%, suponiendo que en el futuro la volatilidad sea similar a la del pasado.

El período de tiempo a partir del cual las tres bolsas dieron rentabilidad positiva fue de trece años.

Períodos		Períodos negativos								
duración	total	Activos monetarios	Depósitos dólares	Depósitos fr. suizos	Obligaciones 10 años	Bonos 5 años	Bolsa España	Bolsa EEUU	Bolsa Alemania	Oro
1 año	40	0	17	11	5	3	13	9	9	14
3 años	38	0	11	7	0	0	9	5	9	14
5 años	36	0	9	2	0	0	2	4	6	11
7 años	34	0	7	1	0	0	3	3	3	6
10 años	31	0	5	0	0	0	2	3	2	10
13 años	28	0	3	0	0	0	0	0	0	6
15 años	26	0	0	0	0	0	0	0	0	5
20 años	21	0	0	0	0	0	0	0	0	2

Vemos que las obligaciones y los bonos dieron pérdidas en algunos años pero en ningún período de tres o más años (de hecho, tampoco en ningún período de dos años consecutivos).

El oro ha sido el activo con mayor número de períodos negativos, principalmente debido a la extrema sobrevaloración alcanzada a finales de la década de 1970.

Un depósito en dólares hubiera causado pérdidas en tres de los 28 períodos de 13 años consecutivos, por lo que resulta ser, junto con el oro, el activo con el que fue más probable sufrir pérdidas a largo plazo.

2. Combinaciones de activos

2.1. Combinaciones con buena relación rentabilidad-riesgo

¿Podemos reducir la probabilidad de perder a medio y largo plazo si diversificamos nuestro capital? ¿Qué horizonte temporal deberíamos tener para tener la seguridad de ganar con una combinación que incluya activos de riesgo pero rentables?

Hemos visto que los activos monetarios, los bonos y las obligaciones no causaron rentabilidad negativa más allá del año. Por tanto, para contestar las preguntas anteriores, me basaré en combinaciones que incluyan activos de mayor riesgo. En todas las combinaciones que indicaré en este capítulo se supone que cada año las ponderaciones se restablecen al nivel inicial. Por ejemplo, la combinación formada en un 50% por obligaciones y un 50% por bolsa se reajusta al final del año para volver al equilibrio inicial. Si la rentabilidad de las obligaciones ha sido del 4% y la de la bolsa del 21% al cabo del año, el primer activo ponderará un 46% y el segundo, un 54%. Entonces se considera que se vende un 4% de las acciones y se reinvierte en obligaciones.

He seleccionado las siguientes combinaciones, en las que cada activo tiene la misma ponderación. En las combinaciones de dos activos, cada uno pondera la mitad, en las de tres activos cada uno pondera la tercera parte, etc.

2.1.1. Activos monetarios, obligaciones y oro

Un capital diversificado a partes iguales en activos monetarios a un año, obligaciones a diez años y oro, solo generó pérdidas en 1988, 1994 y 2013. Ningún período de dos o más años resultó ser negativo. La rentabilidad fue del 7,36% anual entre 1978 y 2017 y del 4,94% anual en los últimos veinte años de dicho período.

2.1.2. Activos monetarios, obligaciones y franco suizo

Esta combinación es similar a la anterior pero en vez de oro incluye depósitos en francos suizos. Generó pérdidas en cuatro años (1988, 1994, 2013 y 2017) y en ningún período de dos o más años. La rentabilidad anual fue del 6,83% en 1978-2017 y del 4,28% en 1998-2017.

2.1.3. Activos monetarios y bolsa española

La rentabilidad media de esta combinación fue del 9,34% anual en el período completo de 1978-2017, no demasiado lejos del 11,94% anual de la bolsa española, pero con un riesgo significativamente menor. Generó resultado negativo en once años pero en ningún período de siete o más años. Las pérdidas más elevadas fueron del 9% en 2002 y del 17% en 2008, mientras que la bolsa española perdió más del 9% en nueve de los cuarenta años considerados.

2.1.4. Obligaciones y bolsa española

Esta combinación tuvo el mismo número de años negativos que la anterior pero cuando hubo pérdidas, estas fueron de mayor cuantía (ver tabla A.6 del Apéndice 2). Sin embargo, la rentabilidad media también fue más elevada, del 10,69% anual en 1978-2017, que ya se acerca mucho a la de la propia bolsa española (11,94% anual). En el período de veinte años de 1998 a 2017 combinar obligaciones y bolsa fue solo un poco menos rentable que haber tenido todo el capital en acciones: un 5,91% anual frente a un 6,13% anual. Pero el riesgo de la combinación fue muy inferior, como puede verse comparando las rentabilidades anuales correspondientes en las tablas A.5 y A.6 del Apéndice 2.

En el cuadro siguiente se indica la rentabilidad por períodos de la bolsa española y de las dos combinaciones antes comentadas. Además se ha incluido la combinación bolsa española y oro, que traté con detalle en la tercera Monografía Invesgrama, y que ejemplifica lo que puede suceder cuando se combinan dos activos de riesgo.

Período	Bolsa España	Act. mon. Bolsa Esp.	Obligaciones Bolsa Esp.	Oro Bolsa Esp.
1978-1987	22,51%	16,71%	18,24%	22,16%
1988-1997	13,80%	11,96%	13,20%	6,47%
1998-2007	12,98%	8,27%	9,23%	11,11%
2008-2017	-0,31%	1,01%	2,69%	4,46%
1978-1997	18,07%	14,31%	15,69%	14,04%
1998-2017	6,13%	4,58%	5,91%	7,74%
1978-2017	11,94%	9,34%	10,69%	10,85%

Si bien la bolsa española dio pérdidas en 13 de los 40 años del período estudiado (1978-2017) y el oro en 14 años, un capital diversificado en ambos activos solo lo hizo en 7 años y dio una rentabilidad del 10,85% anual, muy cercana a la de la bolsa. En los últimos veinte años del período (1998-2017), la combinación oro-bolsa fue incluso más rentable que la bolsa (7,74% vs. 6,13% anual).

Sin embargo, el oro estaba infravalorado en 1998 mientras que probablemente estaba sobrevalorado en los cerca de 1.300 dólares por onza a que cerró en 2017. Por otro lado, invertir la mitad del capital en oro resulta excesivo, debido a la probable sobrevaloración a que acabo de hacer referencia, la elevada volatilidad que puede tener el metal y su falta de rendimientos.

2.1.5. Activos monetarios, obligaciones, oro y bolsa española

Esta combinación es similar la primera pero además incluye bolsa española. Generó seis años negativos, frente a tres de la primera combinación, pero fue más rentable: un 9,11% anual entre 1978 y 2017, frente al 7,36% anual.

Hay que destacar que esta combinación, a pesar de tener solo la cuarta parte en bolsa, fue casi tan rentable como la tercera, que tiene la mitad en bolsa (y la otra mitad en activos monetarios), en el período de cuarenta años. Y en el período 1998-2017 fue más rentable: un 5,69% anual vs. un 4,58% anual.

2.1.6. Activos monetarios, bolsa española y estadounidense

El riesgo teórico se incrementa de forma notable respecto a las anteriores combinaciones, pues ahora dos terceras partes del capital está en bolsa. Sin embargo, el número de años negativos solo fue de siete en cuarenta años. En cuatro de estos siete años, las pérdidas fueron inferiores al 4%. Los peores resultados se dieron en 1990 (-8,4%), 2002 (-15,7%) y 2008 (-20,8%). En comparación, los años con pérdidas superiores al 8% fueron de diez en la bolsa española y de cinco en la bolsa estadounidense. La rentabilidad anual en el período completo de cuarenta años fue del 10,94%, solo un 1% anual menos que la de la bolsa española.

2.1.7. Obligaciones, bolsa española y estadounidense

Esta combinación difiere de la anterior en que incluye obligaciones en vez de activos monetarios. Tuvo un riesgo parecido pero una rentabilidad superior (11,87% anual frente al 10,94% anual), muy similar a la de la bolsa española (11,94% anual) y cercana a la de la bolsa estadounidense (13,09% anual).

2.1.8. Obligaciones, oro, depósito en franco suizo, bolsa española y estadounidense

Se trata de la combinación más diversificada, con una ponderación del 20% en cada activo. La bolsa representa dos quintas partes. Los cinco activos están sujetos a fluctuaciones en los mercados: las obligaciones bajan de precio si sube el tipo de interés (y a la inversa), el oro puede experimentar variaciones muy significativas, el franco suizo se puede apreciar o depreciar y las bolsas pueden llegar a caer un 30% en un año.

A todo ello hay que añadir la volatilidad del dólar, que afecta a dos quintas partes de los activos: el oro y la bolsa estadounidense.

A pesar de ello, esta es la combinación que presenta una mejor relación rentabilidad-riesgo en el período considerado. Entre 1978 y 2017 solo generó cuatro años negativos y en estos, las pérdidas no superaron el 8% (1990: -6,8%, 1994: -4,2%, 2002: -7,2% y 2008: -7,6%). La rentabilidad anual en el período completo fue del 10,09%. En los últimos veinte años (1998-2017) fue del 6,3%, ligeramente superior a la de la bolsa española (6,13%) y un poco inferior a la de la bolsa estadounidense (7,32%).

2.1.9. Bolsa española y estadounidense

Esta es la combinación de mayor riesgo, pues está compuesta en su totalidad por bolsa. Curiosamente, al combinar bolsa española con bolsa estadounidense, en vez de hacerlo con activos monetarios u obligaciones, el número de años negativos disminuyó en dos, de once a nueve. Aunque es cierto que la cuantía de las pérdidas en los años negativos fue mayor.

Generó pérdidas en tres períodos de cinco años (2000-2004, 2007-2011 y 2008-2012), aunque como máximo del 2,21% anual. A partir de un plazo de siete años no hubo ningún período negativo. En cambio, la bolsa española y la americana tuvieron tres períodos negativos de siete años e incluso dos y tres períodos negativos de diez años respectivamente. Esto prueba de nuevo que una combinación de activos de riesgo puede dar lugar a un riesgo inferior al de cada uno de dichos activos por separado. Es algo que ya hemos visto en el caso de la combinación de bolsa española y oro.

El cuadro siguiente resume los resultados de las nueve combinaciones indicadas. En el apartado 2.3. se muestra en un solo cuadro las rentabilidades por períodos de los activos y de todas las combinaciones antes comentadas, así como de las combinaciones con bolsa no española que se indican a continuación, para una mejor comparación.

Período	AM, Oro Obligaciones	AM, Obl. Oro, CHF	AM IGBM	Obligaciones IGBM	AM, Obl. Oro, IGBM	AM IGBM, DOW	Obligaciones IGBM, DOW	Obl, Oro, CHF IGBM, DOW	IGBM DOW
1978-1987	13,26%	12,75%	16,71%	18,24%	16,77%	17,51%	18,59%	17,49%	21,23%
1988-1997	6,50%	6,21%	11,96%	13,20%	8,67%	15,32%	16,14%	10,66%	17,95%
1998-2007	5,24%	4,12%	8,27%	9,23%	7,53%	7,04%	7,72%	6,63%	8,78%
2008-2017	4,64%	4,44%	1,01%	2,69%	3,88%	4,44%	5,58%	5,97%	5,52%
1978-1997	9,83%	9,43%	14,31%	15,69%	12,65%	16,41%	17,36%	14,02%	19,58%
1998-2017	4,94%	4,28%	4,58%	5,91%	5,69%	5,73%	6,64%	6,30%	7,13%
1978-2017	7,36%	6,83%	9,34%	10,69%	9,11%	10,94%	11,87%	10,09%	13,19%

AM = Activos monetarios (depósitos y valores del Tesoro a 12 meses). CHF = Depósito en franco suizo. Obl. = Obligaciones a 10 años.
IGBM = Índice General de la Bolsa de Madrid. DOW = Índice Dow Jones Industrials.

2.1.10. Combinaciones con bolsa no española

Si el lector no es partidario de invertir en bolsa española, a continuación encontrará el resultado de diversas combinaciones que no incorporan este activo sino bolsa estadounidense y/o bolsa alemana junto con alguno o algunos de los siguientes activos: francos suizos, obligaciones españolas, activos monetarios españoles y oro. Las rentabilidades anuales en el período 1978-2017 varían desde el 8,23% anual que hubiera dado un capital en bolsa alemana y francos suizos hasta el 11,80% anual de un capital en bolsa alemana y bolsa estadounidense.

Período	DAX CHF	DAX CHF, Oro	DAX Obl., Oro	AM DOW	Obl. DOW	CHF, DAX DOW	Oro, CHF DAX, DOW	Oro, CHF, Obl. DAX, DOW	DAX DOW
1978-1987	11,83%	14,54%	12,23%	13,35%	15,01%	13,78%	15,34%	14,95%	14,82%
1988-1997	11,94%	7,43%	12,02%	15,64%	17,00%	15,33%	11,13%	11,35%	19,75%
1998-2007	4,63%	5,98%	4,80%	3,63%	4,67%	4,49%	5,57%	5,50%	5,47%
2008-2017	4,75%	5,84%	4,89%	6,39%	8,12%	6,93%	7,27%	6,87%	7,74%
1978-1997	11,89%	10,93%	12,12%	14,49%	16,00%	14,55%	13,21%	13,14%	17,26%
1998-2017	4,69%	5,91%	4,85%	5,00%	6,38%	5,70%	6,42%	6,19%	6,60%
1978-2017	8,23%	8,39%	8,42%	9,64%	11,09%	10,04%	9,76%	9,61%	11,80%

AM = Activos monetarios (depósitos y valores del Tesoro a 12 meses). CHF = Depósito en franco suizo. Obl. = Obligaciones a 10 años.
DAX = Deutscher AktienIndex. DOW = Índice Dow Jones Industrials.

2.2. El plazo mínimo para ganar seguro si diversificamos

El cuadro siguiente indica el número de períodos de 1, 3, 5, 7, 10, 13, 15 y 20 años con rentabilidad negativa (en moneda española), para cada una de las combinaciones antes comentadas, en el período 1978-2017. Apenas hay combinaciones con períodos negativos de cinco años y no hay ninguna que haya producido pérdidas en los 34 períodos de siete años habidos entre 1978 y 2017.

Períodos duración	total	AM, Oro Obligaciones	AM, Obl. Oro, CHF	AM IGBM	Obligaciones IGBM	AM, Obl. Oro, IGBM	AM IGBM, DOW	Obligaciones IGBM, DOW	Obl, Oro, CHF IGBM, DOW	IGBM DOW
1 año	40	3	4	11	11	6	7	7	4	9
3 años	38	0	0	3	3	0	5	5	1	6
5 años	36	0	0	2	2	0	2	1	0	3
7 años	34	0	0	0	0	0	0	0	0	0
10 años	31	0	0	0	0	0	0	0	0	0
13 años	28	0	0	0	0	0	0	0	0	0
15 años	26	0	0	0	0	0	0	0	0	0
20 años	21	0	0	0	0	0	0	0	0	0

AM = Activos monetarios (depósitos y valores del Tesoro a 12 meses). CHF = Depósito en franco suizo. Obl. = Obligaciones a 10 años.
IGBM = Índice General de la Bolsa de Madrid. DOW = Índice Dow Jones Industrials.

La tabla siguiente recoge la rentabilidad anual de las combinaciones antes indicadas, por períodos consecutivos de siete años. Como se ha indicado, ninguna generó pérdidas en ese plazo.

Períodos de 7 años de	a	AM, Oro Obligaciones	AM, Obl. Oro, CHF	AM IGBM	Obligaciones IGBM	AM, Obl. Oro, IGBM	AM IGBM, DOW	Obligaciones IGBM, DOW	Obl, Oro, CHF IGBM, DOW	IGBM DOW
1978	1984	16,16%	14,94%	11,36%	12,46%	15,97%	15,86%	16,68%	18,02%	18,66%
1979	1985	15,49%	14,66%	14,80%	15,89%	17,21%	19,83%	20,63%	20,09%	24,70%
1980	1986	11,10%	11,76%	23,02%	25,30%	18,09%	26,06%	27,62%	21,41%	34,20%
1981	1987	8,70%	9,79%	22,58%	25,16%	16,04%	22,74%	24,52%	18,00%	29,20%
1982	1988	8,43%	8,25%	21,85%	23,68%	15,47%	22,38%	23,66%	16,55%	28,67%
1983	1989	6,50%	6,06%	23,76%	26,07%	14,70%	21,82%	23,38%	14,38%	27,78%
1984	1990	5,08%	4,80%	19,53%	20,99%	11,54%	15,68%	16,67%	9,75%	18,14%
1985	1991	4,94%	4,84%	17,06%	18,13%	10,16%	14,61%	15,31%	9,05%	16,48%
1986	1992	5,06%	4,97%	13,42%	13,36%	8,47%	12,72%	12,70%	8,03%	13,65%
1987	1993	8,27%	7,76%	10,35%	11,61%	8,88%	11,96%	12,83%	9,42%	12,46%
1988	1994	6,64%	6,57%	8,68%	8,46%	6,84%	11,29%	11,14%	8,06%	11,47%
1989	1995	7,37%	7,73%	7,95%	8,61%	7,05%	11,05%	11,48%	8,90%	11,24%
1990	1996	8,04%	8,12%	9,82%	11,26%	8,60%	12,74%	13,70%	10,44%	13,88%
1991	1997	8,36%	8,23%	14,38%	16,77%	11,41%	18,76%	20,37%	14,53%	23,56%
1992	1998	7,74%	7,78%	15,57%	18,01%	11,85%	18,92%	20,59%	14,76%	24,39%
1993	1999	7,36%	6,99%	17,17%	19,73%	12,59%	21,02%	22,77%	15,77%	28,10%
1994	2000	3,99%	3,91%	11,85%	13,37%	7,76%	15,42%	16,47%	10,51%	20,19%
1995	2001	5,19%	4,70%	12,09%	14,70%	8,93%	15,77%	17,55%	11,57%	20,98%
1996	2002	5,19%	4,56%	8,87%	11,40%	7,57%	10,60%	12,34%	8,81%	13,13%
1997	2003	3,94%	3,54%	7,91%	9,42%	6,33%	8,60%	9,66%	7,03%	10,55%
1998	2004	3,92%	3,32%	6,28%	7,79%	5,54%	5,44%	6,51%	5,03%	6,20%
1999	2005	5,33%	4,36%	5,24%	6,25%	6,08%	5,07%	5,80%	5,69%	5,79%
2000	2006	5,14%	4,11%	6,56%	7,81%	6,64%	4,13%	4,98%	4,92%	4,48%
2001	2007	5,70%	4,23%	8,02%	8,96%	7,79%	4,81%	5,44%	5,42%	5,51%
2002	2008	5,86%	4,59%	5,19%	6,22%	6,62%	1,42%	2,12%	3,87%	0,02%
2003	2009	6,31%	4,87%	9,01%	9,71%	8,89%	6,26%	6,74%	7,02%	7,51%
2004	2010	7,68%	6,80%	5,41%	5,48%	8,22%	4,74%	4,83%	7,72%	5,37%
2005	2011	8,29%	7,31%	3,14%	3,02%	7,49%	3,91%	3,85%	7,59%	4,10%
2006	2012	6,93%	6,31%	1,68%	1,65%	5,76%	2,49%	2,50%	5,95%	2,06%
2007	2013	5,48%	5,25%	1,01%	1,78%	4,38%	2,75%	3,29%	5,34%	2,41%
2008	2014	5,93%	5,70%	0,80%	2,87%	4,69%	3,87%	5,27%	6,51%	4,22%
2009	2015	5,08%	5,05%	3,28%	5,38%	6,33%	7,75%	9,18%	8,31%	10,85%
2010	2016	4,51%	4,63%	1,17%	3,19%	3,86%	6,41%	7,80%	7,23%	8,97%
2011	2017	2,92%	2,48%	3,10%	5,76%	3,60%	7,23%	9,01%	6,01%	10,26%

AM = Activos monetarios (depósitos y valores del Tesoro a 12 meses). CHF = Depósito en franco suizo. Obl. = Obligaciones a 10 años.
IGBM = Índice General de la Bolsa de Madrid. DOW = Índice Dow Jones Industrials.

La combinación que produjo resultados mejor repartidos fue la compuesta por cinco activos (obligaciones, oro, francos suizos, bolsa española y bolsa estadounidense). El período de siete años menos rentable fue el de enero de 2002 a diciembre de 2008, que incluye precisamente dos de los peores años bursátiles de los últimos cuarenta años (2002 y 2008). Aún así, la rentabilidad en esos siete años fue del 3,87% anual.

2.3. Resumen y conclusiones

Para una mejor comparativa, reproduzco en un solo cuadro las rentabilidades por períodos de los activos y de las combinaciones comentadas. Con el mismo fin, en la página siguiente recojo en un solo cuadro la información relativa a los períodos negativos.

Período	1978-1987	1988-1997	1998-2007	2008-2017	1978-1997	1998-2017	1978-2017
Activos							
Activos monetarios	8,99%	8,77%	2,62%	1,22%	8,88%	1,92%	5,34%
Depósitos en dólares	8,66%	7,37%	-0,45%	2,96%	8,01%	1,24%	4,57%
Depósitos en francos suizos	10,43%	5,06%	0,68%	3,71%	7,71%	2,19%	4,91%
Obligaciones a 10 años	12,07%	11,83%	4,48%	4,66%	11,95%	4,57%	8,20%
Bonos a 5 años	11,04%	10,69%	3,57%	3,26%	10,86%	3,41%	7,07%
Bolsa de España	22,51%	13,80%	12,98%	-0,31%	18,07%	6,13%	11,94%
Bolsa de Estados Unidos	16,62%	21,76%	3,87%	10,89%	19,16%	7,32%	13,09%
Bolsa de Alemania	11,64%	17,45%	6,36%	4,16%	14,51%	5,25%	9,78%
Oro	15,07%	-1,90%	8,05%	6,69%	6,24%	7,37%	6,80%
Combinaciones de activos							
AM, Oro, Obligaciones	13,26%	6,50%	5,24%	4,64%	9,83%	4,94%	7,36%
AM, Oro, Obligaciones, CHF	12,75%	6,21%	4,12%	4,44%	9,43%	4,28%	6,83%
AM, IGBM	16,71%	11,96%	8,27%	1,01%	14,31%	4,58%	9,34%
Obligaciones, IGBM	18,24%	13,20%	9,23%	2,69%	15,69%	5,91%	10,69%
AM, Obligaciones, Oro, IGBM	16,77%	8,67%	7,53%	3,88%	12,65%	5,69%	9,11%
AM, IGBM, DOW	17,51%	15,32%	7,04%	4,44%	16,41%	5,73%	10,94%
Obligaciones, IGBM, DOW	18,59%	16,14%	7,72%	5,58%	17,36%	6,64%	11,87%
Obl., Oro, CHF, IGBM, DOW	17,49%	10,66%	6,63%	5,97%	14,02%	6,30%	10,09%
IGBM, DOW	21,23%	17,95%	8,78%	5,52%	19,58%	7,13%	13,19%
Combinaciones de activos sin bolsa española							
DAX, CHF	11,83%	11,94%	4,63%	4,75%	11,89%	4,69%	8,23%
DAX, CHF, Oro	14,54%	7,43%	5,98%	5,84%	10,93%	5,91%	8,39%
Obligaciones, Oro, DAX	12,23%	12,02%	4,80%	4,89%	12,12%	4,85%	8,42%
AM, DOW	13,35%	15,64%	3,63%	6,39%	14,49%	5,00%	9,64%
Obligaciones, DOW	15,01%	17,00%	4,67%	8,12%	16,00%	6,38%	11,09%
CHF, DAX, DOW	13,78%	15,33%	4,49%	6,93%	14,55%	5,70%	10,04%
Oro, CHF, DAX, DOW	15,34%	11,13%	5,57%	7,27%	13,21%	6,42%	9,76%
Oro, CHF, Obl., DAX, DOW	14,95%	11,35%	5,50%	6,87%	13,14%	6,19%	9,61%
DAX, DOW	14,82%	19,75%	5,47%	7,74%	17,26%	6,60%	11,80%

AM = Activos monetarios (depósitos y valores del Tesoro a 12 meses). CHF = Depósito en franco suizo. Obl. = Obligaciones a 10 años.
IGBM = Índice General de la Bolsa de Madrid. DAX = Deutscher Aktienindex. DOW = Índice Dow Jones Industrials.

El activo más rentable en el período 1978-2017 fue la bolsa de Nueva York, con un 13,09% anual, seguido de la bolsa española, con un 11,94% anual. La combinación más rentable estuvo compuesta por ambas bolsas, con un 13,19% anual. Haber introducido obligaciones en un capital con ambas bolsas hubiera generado una rentabilidad del 11,87% anual, bastante cercana a la de un capital invertido únicamente en bolsa.

A continuación se ve con claridad que las combinaciones de activos tienen muchos menos períodos negativos que los activos que las componen.

Duración períodos	Períodos negativos							
	1 año	3 años	5 años	7 años	10 años	13 años	15 años	20 años
Número de períodos	40	38	36	34	31	28	26	21
Activos monetarios	0	0	0	0	0	0	0	0
Depósitos en dólares	17	11	9	7	5	3	0	0
Depósitos en francos suizos	11	7	2	1	0	0	0	0
Obligaciones a 10 años	5	0	0	0	0	0	0	0
Bonos a 5 años	3	0	0	0	0	0	0	0
Bolsa de España	13	9	2	3	2	0	0	0
Bolsa de Estados Unidos	9	5	4	3	3	0	0	0
Bolsa de Alemania	9	9	6	3	2	0	0	0
Oro	14	14	11	6	10	6	5	2
AM, Oro, Obligaciones	3	0	0	0	0	0	0	0
AM, Oro, Obligaciones, CHF	4	0	0	0	0	0	0	0
AM, IGBM	11	3	2	0	0	0	0	0
Obligaciones, IGBM	11	3	2	0	0	0	0	0
AM, Obligaciones, Oro, IGBM	6	0	0	0	0	0	0	0
AM, IGBM, DOW	7	5	2	0	0	0	0	0
Obligaciones, IGBM, DOW	7	5	1	0	0	0	0	0
Obl., Oro, CHF, IGBM, DOW	4	1	0	0	0	0	0	0
IGBM, DOW	9	6	3	0	0	0	0	0
DAX, CHF	9	3	3	0	0	0	0	0
DAX, CHF, Oro	9	3	2	0	0	0	0	0
Obligaciones, DAX, Oro	8	2	0	0	0	0	0	0
AM, DOW	6	5	2	1	0	0	0	0
Obligaciones, DOW	6	5	0	1	0	0	0	0
CHF, DAX, DOW	9	5	2	1	0	0	0	0
Oro, CHF, DAX, DOW	7	3	1	0	0	0	0	0
Obl., Oro, CHF, DAX, DOW	6	3	1	0	0	0	0	0
DAX, DOW	10	6	4	2	3	0	0	0

AM = Activos monetarios (depósitos y valores del Tesoro a 12 meses). CHF = Depósito en franco suizo. Obl. = Obligaciones a 10 años.
IGBM = Índice General de la Bolsa de Madrid. DAX = Deutscher Aktienindex. DOW = Índice Dow Jones Industrials.

Con la información recopilada, podemos concluir que un capital diversificado:

* tiene menos riesgo que los activos de riesgo individualizados, en términos de años negativos,

* es casi tan rentable como dichos activos, y a veces más (por ejemplo, entre 2008 y 2017, la bolsa española dio una rentabilidad negativa del 0,31% anual mientras que un capital diversificado en obligaciones y bolsa dio una rentabilidad positiva del 2,69% anual),

* en períodos extensos (a partir de siete años), es tan seguro como los activos más seguros.

Cuarta parte:

Planes de ahorro anuales

1. El valor temporal del dinero

Cuando tenemos un plan de ahorro miramos hacia el futuro. Esto implica actualizar cada año la cantidad ahorrada en función de la inflación para asegurarnos de que aportamos al menos la misma cantidad, en términos reales, que el año anterior.

Si ahorramos una cantidad constante cada año, en realidad dicha cantidad será decreciente. Por ejemplo, supongamos que en enero de 2017 hubiéramos invertido 1.000 €. Como la inflación de enero a diciembre de 2017 fue del 1,1%, en enero de 2018 deberíamos haber invertido 1.011 € para que ambas cantidades fueran equiparables en términos reales.

La pauta a seguir es intentar ahorrar una porción constante de nuestros ingresos, es decir, el "sacrificio constante". Si los ingresos aumentan con la inflación, entonces aumentamos nuestro ahorro en la misma proporción, pues ello no representa un mayor sacrificio en relación al del año anterior. Si los ingresos aumentan más que la inflación, es muy recomendable incrementar el ahorro en la misma proporción, pues eso tendrá un efecto considerable sobre la rentabilidad de nuestro capital, como vimos en el capítulo 3 de la primera parte.

Si, en cambio, nuestros ingresos disminuyen, mantener el mismo ahorro supondrá un aumento del sacrificio relativo y en esta circunstancia la cantidad ahorrada puede ajustarse a la baja.

Si dices que quieres un capital de 100.000 € dentro de veinte años, es obvio que te refieres a 100.000 € con el valor que tiene ese dinero hoy en día. Si le pidieras a un asesor financiero cómo tener "100.000 € dentro de veinte años", deberías ser más preciso con esta expresión. Podrías emplear alguno de los términos siguientes, todos ellos equivalentes:

* 100.000 € dentro de 20 años en euros de hoy
* 100.000 € dentro de 20 años en euros actuales
* 100.000 € dentro de 20 años en valor real
* 100.000 € dentro de 20 años con el poder adquisitivo actual
* 100.000 € dentro de 20 años con poder adquisitivo constante
* 100.000 € dentro de 20 años en euros constantes

La expresión más utilizada en el mundo financiero es la última. Si dices que quieres "100.000 € dentro de veinte años en euros constantes", queda claro que te refieres a euros con el valor que tienen en el momento en que expresas tu deseo.

Si la inflación media en los próximos veinte años es del 2% anual, la inflación acumulada habrá sido del 48,6% (1,02 elevado a 20, menos 1). Dentro de veinte años tendrías que tener 148.600 € para que este capital tenga el mismo valor que 100.000 € de hoy. Decimos en este caso que los 148.600 € son euros corrientes o euros nominales mientras que los 100.000 € son euros constantes. Dentro de veinte años tendrías 148.600 € en tu cuenta del banco pero desde tu perspectiva actual serían 100.000 €. Si la inflación es del 1% anual, tendrías que tener 122.000 € en euros corrientes para tener 100.000 € en euros constantes.

Es decir, cuando dices que quieres 100.000 € en euros constantes, tendrá que ser esa cantidad con el valor que tiene en el momento actual, independientemente de cuál sea la inflación en el futuro.

Cuando lo que queremos es analizar el resultado que habríamos obtenido con determinados planes de ahorro en el pasado, tenemos que descontar la inflación acumulada entre una fecha pasada hasta la fecha actual. De otro modo, estaríamos distorsionando gravemente los resultados.

Veamos la diferencia entre analizar el presente y el pasado en caso de que la inflación en un año determinado haya sido del 2%. Primero pondré el ejemplo de una cesta de consumo y luego el de una cantidad invertida, pero el procedimiento es el mismo.

* Analizando el presente:

a) Si a principios de enero una cesta de bienes de consumo valía 100 € y la inflación acumulada hasta diciembre ha sido del 2%, dicha cesta valdrá en diciembre 102 € (multiplico 100 por 1,02).

b) Si a principios del año pasado invertí 100 € y la inflación ha sido del 2%, este año deberé invertir 102 € (multiplico 100 por 1,02).

* Analizando el pasado:

a) Si en un año la inflación ha sido del 2%, una cesta de bienes de consumo que hoy cuesta 100 €, al principio del año costaba 98,04 € (divido 100 por 1,02).

b) 100 € invertidos este año equivalen a 98,04 € del año pasado (divido 100 por 1,02).

El cuadro siguiente indica a cuánto equivalían 100 € y 1.200 € de diciembre de 2017 al principio de cada año entre 1978 y 2017. En este caso, los 100 € y los 1.200 € son euros constantes y las demás cifras son euros corrientes. Las cantidades anteriores a 1999, cuando estaba vigente la peseta, han sido reexpresadas en euros.

Por ejemplo:

* En 2017, la inflación en España fue del 1,1%. Por tanto, 100 € de diciembre de 2017 equivalían a 98,9 € de principios de 2017 (100 dividido por 1,011).

* Entre 2016 y 2017 la inflación acumulada fue del 2,72%. Por tanto, 100 € de diciembre de 2017 equivalían a 97,4 € de principios de 2016.

* Entre 1998 y 2017, la inflación acumulada fue del 54,1%. Por tanto, 100 € de diciembre de 2017 equivalían a 64,9 € de principios de 1998 (100 dividido por 1,541). En otras palabras, un inversor que hubiera invertido 64,9 € en 1998, habría invertido una cantidad equivalente a 100 € de finales de 2017.

Inicio de	100 €	1.200 €	Inicio de	100 €	1.200 €
	con valor a diciembre 2017			con valor a diciembre 2017	
1978	13,3 €	159,7 €	1998	64,9 €	778,8 €
1979	15,5 €	186,1 €	1999	65,8 €	789,7 €
1980	17,9 €	215,1 €	2000	67,7 €	812,6 €
1981	20,7 €	247,8 €	2001	70,4 €	845,1 €
1982	23,6 €	283,5 €	2002	72,3 €	867,9 €
1983	26,9 €	323,2 €	2003	75,2 €	902,6 €
1984	30,2 €	362,6 €	2004	77,2 €	926,1 €
1985	32,9 €	395,3 €	2005	79,6 €	955,7 €
1986	35,6 €	427,7 €	2006	82,6 €	991,1 €
1987	38,6 €	463,2 €	2007	84,8 €	1.017,8 €
1988	40,4 €	484,5 €	2008	88,4 €	1.060,6 €
1989	42,7 €	512,6 €	2009	89,6 €	1.075,4 €
1990	45,7 €	548,0 €	2010	90,3 €	1.084,0 €
1991	48,6 €	583,6 €	2011	93,0 €	1.116,6 €
1992	51,3 €	615,7 €	2012	95,3 €	1.143,4 €
1993	54,0 €	648,3 €	2013	98,0 €	1.176,5 €
1994	56,7 €	680,1 €	2014	98,3 €	1.180,1 €
1995	59,1 €	709,3 €	2015	97,4 €	1.168,3 €
1996	61,7 €	739,8 €	2016	97,4 €	1.168,3 €
1997	63,6 €	763,5 €	2017	98,9 €	1.186,9 €

Cuando los incrementos son inferiores al 100%, solemos referirnos a ellos en porcentaje. Cuando son superiores, se suele hablar en términos de factor. Por ejemplo, si los precios han subido un 140%, decimos más bien que se han multiplicado por 2,4. En porcentajes elevados suele haber confusión. Por ejemplo, un incremento del 330% equivale a un aumento en un factor de 4,3 y no de 3,3.

En el cuadro vemos que 13,3 € al principio de 1978 (de hecho, 2.213 pesetas) tenían el poder adquisitivo de 100 € de finales de 2017. Esto quiere decir que la inflación se ha multiplicado por 7,5 en ese período.

Si en este período la inflación se ha multiplicado por 7,5, un salario de 1.500 € en diciembre de 2017 equivalía a un salario de 200 € (tras convertir pesetas a euros) de enero de 1978. Hacer un plan de ahorro suponiendo que en 1978 se hubieran invertido 100 € al mes hubiera sido suponer que se habría invertido la mitad del salario, lo que distorsionaría los resultados de forma evidente. En cambio, los 13,3 € corrientes indicados en la tabla equivalen al 6,6% del salario de 1978, la misma proporción que 100 € respecto a 1.500 €.

En el cuadro también se indican los valores corrientes equivalentes a 1.200 € de 2017, que serán las cantidades que tomaremos como referencia en el análisis histórico de diferentes planes de ahorro en los próximos capítulos. Es decir, se considerará que cada año se invierte el equivalente a 1.200 € en euros constantes de diciembre de 2017: si queremos saber qué capital habríamos logrado en caso de haber invertido cada año una cantidad equivalente a 1.200 €, tenemos que asegurarnos de que, efectivamente, la cantidad invertida fue de 1.200 € con el valor que tiene hoy para nosotros.

Se tendrán en cuenta ocho períodos, todos ellos finalizados en diciembre de 2017, iniciados al principio de 1978, 1983, 1988, 1993, 1998, 2003, 2008 y 2013. Para cada período se calculará el capital final que se hubiera obtenido en diciembre de 2017 y la rentabilidad neta del plan de ahorro, tanto en términos reales (después de inflación) como nominales (antes de inflación).

También se comparará la rentabilidad de cada activo o combinación de activos con la del plan de ahorro basado en dicho activo o combinación, lo que nos permitirá extraer conclusiones interesantes.

2. La triple diversificación de los planes de ahorro anuales

2.1. Diversificación temporal

Una de las grandes ventajas de un plan de ahorro anual es la diversificación temporal. Por el simple hecho de invertir cada año, incluso aunque lo hagamos en un único activo, ya estamos diversificando porque compramos en diferentes momentos del tiempo.

Nunca nos ocurrirá, por ejemplo, que coloquemos todo nuestro capital en un activo cuando este esté más sobrevalorado. Solo ello ya nos evitará caer en uno de los mayores errores que suele cometerse.

Muchos inversores esperan demasiado tiempo para decidirse a invertir en acciones y cuando lo hacen colocan la totalidad de su capital en un fondo de bolsa, con lo que desaprovechan las subidas de los años precedentes y sufren la inevitable caída que sigue a un largo ciclo alcista.

Si nuestro plan de ahorro incluye acciones, tampoco nos ocurrirá nunca que dejemos escapar la oportunidad de invertir en los malos años de la bolsa, los cuales hacen huir incluso a los inversores más experimentados. Esos años son precisamente los mejores para comprar pero si no se tiene una pauta regular es raro que lleguen a ser aprovechados.

De entrada, por tanto, un plan de ahorro anual nos evita caer en los errores más habituales y nos permite sacar partido de las oportunidades que con mayor frecuencia se dejan escapar.

Por otro lado, veremos que invertir cada año en un activo de riesgo como las acciones genera una rentabilidad mejor repartida que hacerlo de una sola vez.

2.2. Diversificación por activos

Además de dicha diversificación temporal, podemos diversificar por activos. Tenemos la opción de invertir cada año en uno o varios activos, o bien la de comprar cada año un activo diferente. Por ejemplo, si decidimos diversificar el capital en tres activos, podemos comprar los tres cada año o uno cada tres años.

En el segundo capítulo de la tercera parte vimos que las combinaciones de activos de diferente clase permiten aprovechar las ventajas de cada uno de ellos y reducir sus inconvenientes.

También vimos que incluso cuando ambos activos son de riesgo, la combinación genera un menor número de años negativos que cada uno por separado.

Un plan de ahorro que incorpore un activo de riesgo como la bolsa y otro de bajo riesgo como la renta fija será menos arriesgado que tenerlo todo en bolsa y más rentable que tenerlo todo en renta fija. A pesar de que esta suele ser poco rentable, nos proporcionará equilibrio y una liquidez muy valiosa cuando haya buenas oportunidades de invertir en acciones.

En este sentido, diversificar no solo reduce el riesgo sino que también da mayor valor a los activos seguros pero poco rentables ya que el poder adquisitivo de estos aumenta cuando permiten comprar acciones a bajo precio.

2.3. Diversificación estratégica

Una ventaja adicional de un plan de ahorro periódico es que nos habitúa a seleccionar activos, lo que con el tiempo puede facilitar la aplicación de determinadas estrategias.

En el capítulo 9 veremos otro tipo de diversificación que consiste en alternar un activo de riesgo con un activo muy seguro, por ejemplo bolsa con activos monetarios, de acuerdo con una pauta estratégica. Se trata de reducir de forma drástica la exposición al activo de mayor riesgo cuando se considera que los precios han subido en exceso y volver a aumentarla cuando los precios han corregido parte de la subida anterior. Implica un número muy reducido de operaciones a lo largo del tiempo pero puede incrementar de modo significativo la rentabilidad del capital.

3. Invertir en la práctica

3.1. Cuántos activos comprar cada año

El número de activos que compremos cada año en el marco un plan de ahorro dependerá de nuestra preferencia personal pero también del importe que podamos ahorrar, esto último debido a la necesidad de evitar que las comisiones representen un coste excesivo en relación a la cantidad invertida. Si colocamos parte del ahorro en un depósito bancario, no tendremos que preocuparnos en este aspecto porque el banco no nos cobrará una comisión adicional a la que ya nos cobra por tener la cuenta corriente. Si compramos un fondo de inversión tradicional, es preferible elegir uno que no tenga ni comisión de suscripción ni de reembolso. Por ejemplo, si se trata de un fondo de renta fija que ha ganado un 2% en el año y nos descuentan un 1% por el reembolso, perderemos la mitad de la rentabilidad.

Además de los fondos de inversión tradicionales, cuyas participaciones se compran a la entidad gestora, disponemos de una oferta creciente de fondos cotizados o ETFs (*Exchange-Traded Funds*). Los fondos cotizados están ganando popularidad porque se pueden comprar directamente desde el ordenador a través de nuestro intermediario *online* y porque tienen comisiones que a menudo son muy reducidas, a menudo inferiores al 0,30% anual.

En el caso de valores o fondos cotizados es preciso evitar que la suma de gastos inherentes a la compra no supere el 2% del importe invertido ya que ese porcentaje se restará de nuestra rentabilidad. Lo recomendable es no pasar del 1%. Aunque el importe en euros pueda no parecer mucho, hay que acostumbrarse a pensar en porcentajes. Ahorrar un 1% anual en comisiones tiene un efecto significativo a largo plazo, como puede comprobarse en algunas de las tablas de esta monografía (por ejemplo la Tabla A.1 del Apéndice 2).

Si queremos incluir acciones en nuestro plan de ahorro, es posible que la cantidad que podamos ahorrar en un año no nos permita una diversificación adecuada a un coste asumible. Cuando compramos acciones en el mercado español tenemos que pagar unos cánones a Bolsas y Mercados Españoles (BME) y unas comisiones al intermediario o *broker*. En este capítulo hablaré de algunos fondos de inversión cotizados que resultan muy prácticos para un plan de ahorro porque están diversificados y porque las comisiones de gestión son muy reducidas, pero al cotizar igual que una acción también están sujetos a los cánones de BME y a las comisiones de intermediación.

El canon de negociación que hay que pagar a BME varía según el importe de la operación. Hasta 300 € es de 1,1 €. De 300,01 € a 3.000€, es de 2,45 € más el 0,024% del importe; de 3.000,01 € a 35.000 €, es de 4,65 € más el 0,012%. Hay que añadir el canon de BME Clearing (0,11 € por operación). Desde marzo de 2018 hay además una tarifa adicional del 0,003% (con un mínimo de 1 €) sobre el importe efectivo de la operación para valores del IBEX 35 con una capitalización flotante superior a 10.000 millones de euros, lo que afecta a ACS, Aena, Amadeus, BBVA, CaixaBank, Ferrovial, Grifols, IAG, Iberdrola, Inditex, Repsol, Santander y Telefónica.

Las comisiones que nos cobre nuestro intermediario también pueden influir en la estructura de nuestro plan de ahorro. En la tabla siguiente se puede ver el coste total en euros y en porcentaje según el importe de la operación y dos intermediarios distintos, uno que cobra 3,95 € por operación en mercado nacional y otro 8 €. Si nuestro intermediario nos cobra 3,95 €, para que el coste total incluyendo los cánones de BME no suponga más del 1% de la operación, esta debería tener un importe de unos 700 €, mientras que si nos cobra 8 €, dicho importe debería alcanzar los 1.100 €.

Importe operación	Canones BME	Comisión broker	Coste total en €	Coste total en %	Comisión broker	Coste total en €	Coste total en %
100 €	1,21 €	3,95 €	5,16 €	5,16%	8,00 €	9,21 €	9,21%
200 €	1,21 €	3,95 €	5,16 €	2,58%	8,00 €	9,21 €	4,61%
300 €	1,21 €	3,95 €	5,16 €	1,72%	8,00 €	9,21 €	3,07%
400 €	2,66 €	3,95 €	6,61 €	1,65%	8,00 €	10,66 €	2,66%
500 €	2,68 €	3,95 €	6,63 €	1,33%	8,00 €	10,68 €	2,14%
600 €	2,70 €	3,95 €	6,65 €	1,11%	8,00 €	10,70 €	1,78%
700 €	2,73 €	3,95 €	6,68 €	0,95%	8,00 €	10,73 €	1,53%
800 €	2,75 €	3,95 €	6,70 €	0,84%	8,00 €	10,75 €	1,34%
900 €	2,78 €	3,95 €	6,73 €	0,75%	8,00 €	10,78 €	1,20%
1.000 €	2,80 €	3,95 €	6,75 €	0,68%	8,00 €	10,80 €	1,08%
1.100 €	2,82 €	3,95 €	6,77 €	0,62%	8,00 €	10,82 €	0,98%
1.200 €	2,85 €	3,95 €	6,80 €	0,57%	8,00 €	10,85 €	0,90%
1.300 €	2,87 €	3,95 €	6,82 €	0,52%	8,00 €	10,87 €	0,84%
1.400 €	2,90 €	3,95 €	6,85 €	0,49%	8,00 €	10,90 €	0,78%
1.500 €	2,92 €	3,95 €	6,87 €	0,46%	8,00 €	10,92 €	0,73%
1.600 €	2,94 €	3,95 €	6,89 €	0,43%	8,00 €	10,94 €	0,68%
1.700 €	2,97 €	3,95 €	6,92 €	0,41%	8,00 €	10,97 €	0,65%
1.800 €	2,99 €	3,95 €	6,94 €	0,39%	8,00 €	10,99 €	0,61%
1.900 €	3,02 €	3,95 €	6,97 €	0,37%	8,00 €	11,02 €	0,58%
2.000 €	3,04 €	3,95 €	6,99 €	0,35%	8,00 €	11,04 €	0,55%

Si compramos productos financieros cotizados en mercados extranjeros, no pagaremos los cánones de BME pero las comisiones del intermediario pueden ser sensiblemente más altas. En la tabla siguiente se recoge el coste porcentual según el importe de la operación de un *broker online* que cobra 20 € por operación y de otro que cobra 42 €.

En el primer caso, la inversión mínima debería ser de 2.000 € para que el coste porcentual sea del 1% pero en el segundo debería ser de 4.200 €.

Importe operación	Canones BME	Comisión broker	Coste total en €	Coste total en %	Comisión broker	Coste total en €	Coste total en %
300 €	0,00 €	20 €	20,00 €	6,67%	42 €	42,00 €	14,00%
500 €	0,00 €	20 €	20,00 €	4,00%	42 €	42,00 €	8,40%
700 €	0,00 €	20 €	20,00 €	2,86%	42 €	42,00 €	6,00%
1.000 €	0,00 €	20 €	20,00 €	2,00%	42 €	42,00 €	4,20%
1.200 €	0,00 €	20 €	20,00 €	1,67%	42 €	42,00 €	3,50%
1.400 €	0,00 €	20 €	20,00 €	1,43%	42 €	42,00 €	3,00%
1.600 €	0,00 €	20 €	20,00 €	1,25%	42 €	42,00 €	2,63%
1.800 €	0,00 €	20 €	20,00 €	1,11%	42 €	42,00 €	2,33%
2.000 €	0,00 €	20 €	20,00 €	1,00%	42 €	42,00 €	2,10%
2.200 €	0,00 €	20 €	20,00 €	0,91%	42 €	42,00 €	1,91%
2.400 €	0,00 €	20 €	20,00 €	0,83%	42 €	42,00 €	1,75%
2.600 €	0,00 €	20 €	20,00 €	0,77%	42 €	42,00 €	1,62%
2.800 €	0,00 €	20 €	20,00 €	0,71%	42 €	42,00 €	1,50%
3.000 €	0,00 €	20 €	20,00 €	0,67%	42 €	42,00 €	1,40%
3.200 €	0,00 €	20 €	20,00 €	0,63%	42 €	42,00 €	1,31%
3.400 €	0,00 €	20 €	20,00 €	0,59%	42 €	42,00 €	1,24%
3.600 €	0,00 €	20 €	20,00 €	0,56%	42 €	42,00 €	1,17%
3.800 €	0,00 €	20 €	20,00 €	0,53%	42 €	42,00 €	1,11%
4.000 €	0,00 €	20 €	20,00 €	0,50%	42 €	42,00 €	1,05%
4.200 €	0,00 €	20 €	20,00 €	0,48%	42 €	42,00 €	1,00%

Por desgracia, en la bolsa española cotizan todavía muy pocos ETFs: solo tres indexados al IBEX 35 (sin contar otros de carácter más especulativo) y uno indexado al Eurostoxx 50. Si nos interesa otro fondo cotizado en bolsa extranjera o en oro deberemos acudir al mercado francés o alemán, y soportar comisiones más altas. En tal caso tendremos que elegir un intermediario que ofrezca comisiones competitivas en mercados extranjeros.

Si el coste porcentual de adquirir un fondo cotizado es inasumible, es mejor optar por un fondo tradicional, indexado al activo que nos interesa, que no tenga comisión de suscripción ni de reembolso. La comisión de gestión de estos fondos suele ser más alta (en torno al 1% anual) que la de los fondos cotizados (que puede ser del 0,50% o incluso inferior al 0,30% anual). Pero antes que pagar comisiones excesivas, en términos porcentuales, por la compra de un fondo cotizado es mejor adquirir participaciones de un fondo tradicional aunque la comisión de gestión sea más alta. Cuando en el futuro dispongamos de un importe suficientemente elevado invertido en determinado activo, entonces podremos pasar del fondo tradicional al cotizado para beneficiarnos de menores costes de gestión.

Por tanto, el número de activos que podemos comprar cada año dependerá de los siguientes factores:

* nuestra preferencia personal
* las comisiones del intermediario
* el tipo de fondo (tradicional o cotizado)
* el mercado donde coticen los valores o fondos.

Si queremos invertir en bolsa, disponemos de 700 € al año y la comisión para el mercado nacional de nuestro *broker* es de 3,95 € por operación, podremos invertir cada año en bolsa española a través de alguno de los tres fondos cotizados (ETFs) indexados al IBEX 35 que veremos a continuación o en bolsa europea a través del ETF indexado al Eurostoxx 50 que gestiona BBVA, pues todos ellos cotizan en España.

Si queremos únicamente fondos cotizados y evitar las comisiones más altas de los mercados extranjeros, podemos invertir un año en un ETF indexado al IBEX 35 y otro año en dicho ETF indexado al Eurostoxx 50. Si disponemos de 1.400 €, podríamos comprar participaciones de ambos fondos sin que el coste total superara el 1% anual. Si la cantidad que tenemos disponible fuera de 1.200 €, sería mejor limitarse a un activo o bien invertir 700 € y acumular los 500 € restantes al ahorro del año siguiente. O bien, si no nos limitamos a los fondos cotizados, podemos colocar esos 500 € en un fondo indexado tradicional.

Otro coste que repercute en nuestra rentabilidad es la comisión de custodia, la cual depende del intermediario. Suele ser más barata para valores cotizados en el mercado español que para valores de mercados extranjeros. Por ejemplo, un intermediario *online* cobra una comisión del 0,12% anual sobre el capital para títulos nacionales y un 0,20% anual para títulos extranjeros.

3.2. *Productos para ahorrar comisiones e impuestos*

Existe una serie de productos financieros que nos permiten invertir en renta fija pública, renta fija corporativa, oro, bolsa nacional y bolsa extranjera de forma más eficiente, diversificada y a coste más bajo que si lo hacemos de forma directa.

Para evitar los impuestos sobre las plusvalías obtenidas en la venta de un activo, la mejor opción es invertir a través de fondos de inversión domiciliados en el país de residencia del inversor o en fondos europeos que cumplan la normativa UCITS, conocidos también como fondos europeos armonizados. Actualmente en España se da la circunstancia de que los fondos cotizados en el mercado nacional no permiten diferir la tributación sobre las plusvalías en caso de venta, mientras que si un residente español adquiere un fondo armonizado cotizado en un mercado de la Unión Europea sí puede diferir dichos impuestos si reinvierte el producto de la venta en un fondo tradicional nacional o en otro fondo armonizado cotizado en un mercado de la Unión Europea.

No obstante, los dividendos pagados por los fondos de inversión, aunque sean UCITS, están sujetos a retención fiscal. Si no necesitamos una renta, es preferible optar por un fondo de capitalización.

En la tercera Monografía Invesgrama detallé lo que se deja de ganar a causa de las comisiones por tener un fondo de pensiones, un fondo inversión y un mandato de gestión a una entidad financiera. Dicha pérdida de ganancias o lucro cesante es tanto mayor cuanto mayor es el plazo de tiempo, pudiendo llegar a ser del 75%. Demostré con un ejemplo que el gestor puede llegar a ganar mucho más que nosotros a costa de nuestro capital.

En dicho ejemplo, el fondo daba a sus partícipes una ganancia neta del 10% anual durante cuarenta años, de la que se había descontado una comisión del 2,45% anual (2,25% de gestión y 0,20% del depositario). Pues bien, el partícipe dejaba de obtener el 63,4% de los beneficios que hubiera generado sin dichas comisiones. Ya que el fondo se quedaba el 2,45% anual y el partícipe, el 10% anual, en un principio parecería que el fondo solo debería ganar el 24,5% de lo que ganara el cliente. Sin embargo, gana un 74% más.

Evitar esas comisiones, que pueden llegar a ser de casi el 3% anual en un mandato de gestión, es conseguir rentabilidad a nuestro favor. Desde luego, las comisiones no pueden ser evitadas en su totalidad, pero la oferta de fondos con comisiones muy reducidas va en aumento.

Por otro lado, en la citada monografía demostré que los fondos de inversión de gestión activa en bolsa tienden a obtener rentabilidades a largo plazo por debajo de la del mercado, lo que unido a sus comisiones particularmente elevadas, los hace poco recomendables. Estos fondos ganan clientes cuando sus resultados recientes han sido buenos pero no conviene hacer un largo viaje en un vehículo que solo funciona en distancias cortas. Por este motivo, recomendaba diversas opciones de bajo coste para invertir en diferentes activos. El cuadro siguiente resume las posibilidades propuestas para invertir en cada clase de activo.

Activo	Por cuenta propia	Fondo de inversión	
		tradicional	cotizado
Títulos de deuda pública	SI	SI	SI
Deuda corporativa senior	SI	SI	SI
Deuda de alto rendimiento	NO	SI	SI
Bolsa nacional	SI	SI	SI
Bolsa extranjera	SI	SI	SI
Oro	NO	NO	SI

Un inversor particular puede comprar Valores del Tesoro español directamente a través de una cuenta en el Banco de España pero también a través de fondos de inversión tradicionales y cotizados.

Otros títulos de deuda pública, como deuda soberana de otros Estados europeos, deuda emitida por comunidades autónomas o ayuntamientos españoles, también pueden ser adquiridos por un inversor particular en el mercado.

En cuanto a la deuda corporativa (deuda emitida por empresas), las opciones para invertir de forma directa son todavía muy limitadas en España. En todo caso, si se invierte de forma directa en este tipo de deuda debería hacerse únicamente en la senior, que es la de mayor calidad, nunca en bonos subordinados, los cuales tienen rendimientos más altos pero pueden ser de muy alto riesgo (no por casualidad a veces reciben la denominación de bonos basura).

Es posible invertir en bolsa nacional y extranjera con bajo coste (especialmente la nacional) por cuenta propia gracias a la intermediación *online*, pero puede ser más práctico y barato hacerlo a través de fondos indexados, especialmente los cotizados.

En lo que respecta al oro, invertir en el metal físico conlleva costes de transacción y de custodia muy altos, por lo que resulta más conveniente hacerlo a través de un fondo cotizado. Sin embargo, en el caso de los fondos cotizados en oro no es posible diferir la tributación en caso de plusvalías realizadas, ya que no pueden acogerse a la normativa europea UCITS. Esto es porque un fondo en oro invierte en un único activo, de forma que incumple las normas sobre diversificación que impone dicha normativa.

En la tercera Monografía Invesgrama expliqué ampliamente cómo encontrar los fondos de inversión más apropiados para invertir en renta fija pública, renta fija corporativa, oro, renta variable española, estadounidense y alemana, y expliqué con detalle algunos de los productos más representativos. En este capítulo daré esta información de forma mucho más resumida.

3.2.1. Renta fija pública

Podemos invertir directamente en valores del Tesoro Público abriendo una Cuenta Directa en una sucursal del Banco de España o a través del Servicio de Compra y Venta de Valores de la página web del Tesoro Público.

Actualmente también se puede adquirir deuda pública de los países de la zona euro a través del Mercado Electrónico Bursátil de Deuda Pública, aunque en este caso debemos hacerlo a través de un intermediario o un *broker online*.

Se puede invertir en renta fija pública a través de fondos de inversión que adquieren exclusivamente este tipo de activos. Para seleccionar uno, podemos ir a la sección "Búsqueda rápida de fondos" de la página web de Morningstar, principal proveedor de información sobre estos productos. En el menú "Todas las Categorías Morningstar", elegimos la categoría "RF Deuda Pública EUR", que corresponde a fondos que invierten en deuda pública de la zona euro.

Si le damos al botón "Ir", nos aparecerá una listado de fondos ordenados alfabéticamente. Si a continuación seleccionamos la opción "Rentabilidad", podremos ordenarlos según sus resultados en los últimos tres, cinco o diez años.

Para ver si un fondo rentable tiene además bajas comisiones, vamos a la información específica del mismo y bajo el apartado "Comisiones" veremos los "Gastos Corrientes", que nos indica las comisiones porcentuales sobre el capital. Hay que procurar elegir fondos cuyos costes representen menos del 0,5% sobre el patrimonio. También veremos si hay comisión de suscripción y de reembolso.

Otra opción para invertir en renta fija pública es hacerlo a través de fondos cotizados o ETFs. Para elegir un producto de estas características, tenemos que ir a la sección de "búsqueda rápida de ETFs" en Morningstar y seleccionar la categoría "RF Deuda Pública EUR".

Allí encontraremos productos con unas comisiones (o gastos corrientes) muy bajas, de entre el 0,12% y el 0,30% anual, pero recordemos que los ETFs, al igual que las acciones, tienen comisiones tanto en la compra como en la venta (ver apartado 3.1).

3.2.2. Renta fija corporativa

Para elegir un fondo que invierte específicamente en deuda de empresas, seguimos los mismos procedimientos que en el caso anterior salvo que la categoría correspondiente es "RF Deuda Corporativa EUR". Los ETFs en deuda corporativa tienen comisiones anuales de entre el 0,10% y el 0,45% anual. Si nos interesa un fondo que invierta en renta fija tanto pública como privada en euros, entonces tenemos que seleccionar la categoría "RF Diversificada EUR".

3.2.3. Bolsa española

Se puede invertir en bolsa española a través de fondos indexados tradicionales. Los que llevan más tiempo en el mercado son los siguientes:

* Bankinter Futuro IBEX
* Santander Indice España
* ING Direct Fondo Naranja IBEX 35
* BBVA Bolsa Indice
* Liberty Spanish Stock Market Index

Entre principios de 2003 y finales de 2017, los cuatro primeros han dado una rentabilidad muy similar, de entre el 6,72% y el 6,89% anual. En el mismo período, el IBEX 35 ganó un 8,19% anual con dividendos y casi un 7% anual si tenemos en cuenta los dividendos netos. Así, estos fondos se acercaron mucho a la referencia principal para un inversor, que es el índice con dividendos netos. El último de estos fondos, en cambio, solo ha dado un 5,49% anual debido a sus elevadas comisiones.

Además existen actualmente tres fondos cotizados indexados al IBEX 35 cuyas comisiones están entre el 0,30% y el 0,33% anual y que han obtenido resultados muy satisfactorios:

* Lyxor UCITS ETF IBEX 35
* Acción IBEX 35 ETF Armonizado
* DB X-Trackers IBEX 35 ETF

Los tres productos ganaron un 6,83%, un 7,07% y un 7,33% anual respectivamente entre enero de 2012 y diciembre de 2017. En el mismo período, el IBEX 35 ganó un 7,81% anual con dividendos y un 6,75% anual con dividendos netos. Por tanto, los tres ETFs dieron una rentabilidad que superó incluso a la del IBEX 35 con dividendos netos.

3.2.4. Bolsa estadounidense

Existe multitud de productos para invertir en bolsa de Estados Unidos pero es recomendable elegir un ETF que cotice en un mercado europeo y que cumpla la normativa UCITS ya que en tal caso las plusvalías que se reinviertan en otro fondo UCITS quedarán exentas de tributación.

La gestora SSGA comercializa el SPDR S&P 500 UCITS ETF, referenciado al principal índice de la bolsa de Estados Unidos, el S&P 500, que reúne los 500 valores más capitalizados de ese país. Tiene unas comisiones anuales de únicamente el 0,09%. No cotiza en la bolsa española pero sí en la alemana y la francesa y puede ser adquirido en euros.

Un fondo referenciado al índice Dow Jones Industrial, que cotiza en euros y que cumple la normativa UCITS es el Lyxor Dow Jones Industrial Average UCITS ETF. Está administrado por Lyxor, entidad gestora del banco francés Société Générale. De enero de 2011 a diciembre de 2017 este fondo ha ganado un 15,30% anual en euros, que es algo menos que el 15,41% anual en euros del índice de referencia con dividendos netos.

3.2.5. Bolsa alemana

Para invertir en bolsa alemana podemos hacerlo a través de los siguientes ETFs, que cumplen la normativa UCITS:

* Deka, de Deka Investment
* iShares Core, de BlackRock
* Xtrackers, de Deutsche Asset Management
* Amundi, de Amundi Asset Management

Los cuatro productos pueden ser adquiridos en la bolsa alemana. De enero de 2011 a diciembre de 2017 han dado rentabilidades muy similares, de entre el 8,95% y el 9,10% anual, mientras que el índice que toman como referencia, el DAX 30, ha ganado un 9,34% anual con dividendos brutos.

Los dos primeros fondos indicados pagan dividendos y el cuarto puede o no distribuir dividendos a criterio de la sociedad gestora. El tercero, en cambio, es de capitalización.

Además de la efectividad de estos productos, los buenos resultados tienen que ver con las comisiones extremadamente bajas que cobran, que van del 0,09% al 0,16% anual.

3.2.6. Oro

Es posible comprar oro a través de un fondo cotizado, lo que permite aprovechar las características del metal como activo refugio sin necesidad de pagar las elevadas comisiones de custodia que implica la tenencia física del metal.

Los fondos cotizados en oro no suelen ser ETFs sino ETCs (*Exchange-Traded Commodities*), o sea materias primas cotizadas, porque al estar invertidos en un único activo incumplen las normas europeas de diversificación para los ETFs.

Algunos de los fondos cotizados en oro son los de iShares, ETFS, Xetra-Gold, Xtrackers, Invesco y db. El Xetra-Gold y las versiones en euros de Invesco y db cotizan en la bolsa alemana.

En el período tomado como referencia (enero de 2011 a diciembre de 2017), el oro se revalorizó un 0,30% anual en euros mientras que los fondos lo hicieron entre un -0,06% y un 0,16% anual. El Xetra-Gold ganó un 0,70% anual pero ello se debe a que no cobra comisión de gestión pero sí una comisión de custodia del 0,30% anual, que se cobra aparte.

En la monografía número 3 expliqué los riesgos legales de los productos que invierten en oro. Me referí en particular a la posibilidad de pérdida, robo o deterioro del oro físico depositado en la entidad depositaria, circunstancia que podría afectar al valor de las participaciones. Si bien la probabilidad de que eso ocurra es muy remota, el inversor que desee invertir una parte relevante de su capital en metales preciosos debería diversificar en al menos dos fondos.

3.3. Intermediarios online

Algunos de los intermediarios *online* que ofrecen un servicio pensado para que el inversor pueda gestionar su propio capital desde su hogar son los siguientes: Broker Now de CaixaBank, Broker Naranja de ING Direct, Bankinter Broker, Openbank del Banco Santander, Self Bank y Renta 4.

A través de estos intermediarios podemos comprar fondos cotizados, aunque no todos los productos están necesariamente disponibles en todos ellos. Si nos interesa un fondo en particular, debemos consultar con la entidad financiera antes de contratar el servicio. Hay que recordar que la mayoría de intermediarios cobran comisiones bastante más altas para los activos y productos adquiridos en mercados extranjeros. Por desgracia, en el mercado español la oferta de fondos cotizados es todavía muy escasa, por lo que si queremos invertir en oro o bolsa extranjera tendremos que pagar comisiones más altas que si compramos fondos cotizados en el mercado nacional.

4. Plan de ahorro anual en bolsa española

4.1. Resultados

El cuadro siguiente indica qué capital se habría conseguido al final de 2017 con un plan de ahorro en bolsa española iniciado al principio de los años que figuran en la primera columna. La cantidad ahorrada considerada ha sido de 1.200 € constantes de diciembre de 2017.

En el período de 40 años de 1978 a 2017 se habría ahorrado e invertido un total de 48.000 € constantes (euros con el valor que tenían en diciembre de 2017) y el capital obtenido habría sido de 268.109 €. En el período de 35 años de 1983 a 2017 se habría ahorrado e invertido un total de 42.000 € en euros constantes de diciembre de 2017 y el capital obtenido habría sido de 169.781 €.

Se aprecia que cuanto mayor es el período de tiempo, más se multiplica la cantidad invertida: por 5,6 en 40 años, por 4 en 35 años, por 2,4 en 30 años, por 2 en 25 años, por 1,4 en 20 años... Se observa también que el capital obtenido crece proporcionalmente más que el tiempo transcurrido. En 20 años, el capital se multiplicó por 1,4 mientras que en 40 años lo hizo por 5,6: en el doble de tiempo, el capital se multiplicó cuatro veces más.

La dos últimas columnas nos indican la rentabilidad neta del plan de ahorro después de considerar un impuesto del 20% sobre los dividendos, para cada período, en términos reales (antes de inflación) y nominales (inflación incluida). Como se trata de un plan de ahorro acumulativo, las acciones no se venden, de modo que no hay plusvalías fiscales.

Bolsa española: Capital final con un ahorro de 1.200 € / año * y TIR						
De enero de	a diciembre de	Años	Cantidad invertida *	Capital 31-12-2017	Rentabilidad (TIR) neta	
					real	nominal
1978	2017	40	48.000 €	268.109 €	7,17%	12,71%
1983	2017	35	42.000 €	169.781 €	6,80%	10,88%
1988	2017	30	36.000 €	87.538 €	5,25%	8,48%
1993	2017	25	30.000 €	59.273 €	4,90%	7,52%
1998	2017	20	24.000 €	33.307 €	3,03%	5,28%
2003	2017	15	18.000 €	23.369 €	3,20%	5,18%
2008	2017	10	12.000 €	14.377 €	3,26%	4,54%
2013	2017	5	6.000 €	7.062 €	5,48%	5,90%

* Euros constantes de diciembre de 2017

La rentabilidad de un plan de ahorro se calcula con la TIR (Tasa Interna de Rentabilidad), concepto explicado en el capítulo tercero de la segunda parte y cuya metodología se detalla en el Apéndice 1.

En el período completo, la TIR real fue del 7,17% anual y la nominal, del 12,71% anual. En el apartado siguiente se compararán estas rentabilidades con las que se habrían obtenido en el caso de invertir un capital al principio de cada período pero sin hacer nuevas aportaciones a lo largo del mismo.

Para saber qué capital habríamos obtenido en cada período con una cantidad ahorrada diferente a 1.200 € anuales, tenemos que aplicar la correspondiente proporción. Por ejemplo, para un ahorro de 1.000 € al año, el capital obtenido en el período de 1978 a 2017 habría sido de 1000 / 1200 (o 10 / 12) multiplicado por el capital que aparece en la tabla (268.109 €), o sea 223.424 €. La cantidad total invertida habría sido de 40.000 €.

Otro ejemplo: para una cantidad ahorrada de 1.800 € al año, el capital obtenido en el período de 2003 a 2017 habría sido igual a 18 / 12 multiplicado por 23.369 €, o sea 35.053 €. En este caso, la cantidad total invertida habría sido de 15 años x 1.800 € / año = 27.000 €.

4.2. El "capitalista" vs. el "ahorrador"

¿Quién hubiera obtenido mayor rentabilidad en la bolsa española, un inversor que al principio de cada período hubiese dispuesto de un capital para invertir de una sola vez, o un ahorrador que hubiese invertido a lo largo de los años? Llamaré "capitalista" al primer tipo de inversor, y "ahorrador" al segundo. Usaré comillas porque en realidad el ahorrador es también un capitalista, puesto que está acumulando capital, pero los términos nos servirán para diferenciar la persona que invierte de una sola vez de aquella que lo hace de forma regular en el tiempo.

En ambos casos, el capital invertido hubiese sido el mismo, para cada período, en euros constantes. Por ejemplo, el ahorrador habría invertido 48.000 € en euros de 2017 a lo largo de 40 años entre 1978 y 2017. El capitalista hubiera invertido esa cantidad de una sola vez al principio de 1978. Pero 48.000 € de 2017 equivalen a 6.390 € de 1978, de manera que el cálculo debe hacerse a partir de esta última cantidad. Es decir, en 1978 habría invertido 6.390 €, cuyo valor en euros de 2017 era de 48.000 €. El resultado es que este inversor habría obtenido un capital de unos 582.000 € al final de 2017.

El "capitalista" habría ganado más que el "ahorrador" en casi todos los períodos, como puede verse en el cuadro siguiente. Es lógico, ya que el primero disponía de todo el capital al inicio de cada período considerado, por lo que pudo aprovechar la revalorización de la bolsa en un mayor número de años.

De enero de	a diciembre de	Años	Inflación acumulada *	Cantidad invertida € de 2017	Cantidad invertida € corrientes	Capital 31-12-2017
1978	2017	40	7,512	48.000	6.390	582.264
1983	2017	35	3,713	42.000	11.312	893.447
1988	2017	30	2,477	36.000	14.535	173.917
1993	2017	25	1,851	30.000	16.208	176.309
1998	2017	20	1,541	24.000	15.576	51.160
2003	2017	15	1,329	18.000	13.539	39.851
2008	2017	10	1,131	12.000	10.606	10.282
2013	2017	5	1,020	6.000	5.883	8.843

Bolsa española: Capital final con una inversión de una sola vez

* Factor por el cual se ha multiplicado el nivel general de precios hasta 2017

Pero hay una excepción muy notable: la del período 2008-2017. El "capitalista" hubiera invertido una sola vez al principio de 2008, año en que la bolsa española perdió un 37,7% (el peor resultado desde 1940), y la recuperación que tuvo lugar en los años sucesivos no fue suficiente para recuperar totalmente las pérdidas.

En cambio, al repartir su inversión a lo largo del tiempo, el "ahorrador" habría evitado empezar concentrándolo todo en el peor año, habría aprovechado la oportunidad de comprar tras un año tan negativo como 2008 y habría aprovechado mejor algunos de los años positivos que tuvieron lugar a continuación. En definitiva, habría ganado un 40% más que el "capitalista" en el período indicado.

De enero de	a diciembre de	Años	Capital 31-12-2017 "Capitalista"	Capital 31-12-2017 "Ahorrador"
1978	2017	40	582.264 €	268.109 €
1983	2017	35	893.447 €	169.781 €
1088	2017	30	173.917 €	87.538 €
1993	2017	25	176.309 €	59.273 €
1998	2017	20	51.160 €	33.307 €
2003	2017	15	39.851 €	23.369 €
2008	2017	10	10.282 €	14.377 €
2013	2017	5	8.843 €	7.062 €

No se trata de una excepción. Habría sucedido algo similar en el período de enero de 2000 a diciembre de 2006, pues la bolsa tuvo una pérdida acumulada del 32,5% en los tres primeros años de ese período. Como los cuatro años siguientes fueron muy buenos, el "ahorrador" habría obtenido mejor resultado que el "capitalista".

Vuelvo a reproducir el cuadro anterior para destacar otra diferencia muy significativa:

De enero de	a diciembre de	Años	Capital 31-12-2017 "Capitalista"	"Ahorrador"
1978	2017	40	582.264 €	268.109 €
1983	2017	35	893.447 €	169.781 €
1988	2017	30	173.917 €	87.538 €
1993	2017	25	176.309 €	59.273 €
1998	2017	20	51.160 €	33.307 €
2003	2017	15	39.851 €	23.369 €
2008	2017	10	10.282 €	14.377 €
2013	2017	5	8.843 €	7.062 €

En el período de 1983 a 2017, el "ahorrador" hubiera invertido 42.000 € distribuidos a lo largo de 35 años mientras que el capitalista habría invertido esa cantidad de una sola vez al principio de 1983 (11.312 € corrientes). El capital obtenido por este último habría sido de unos 893.000 €. La cantidad es sensiblemente superior que en el período de 40 años porque si bien la bolsa española subió un total del 15,4% entre principios de 1978 y finales de 1982, la inflación se multiplicó por 2,02 en el mismo período, de forma que la rentabilidad real fue negativa. El inversor que hubiera invertido en 1983 tuvo ventaja frente al que lo hizo en 1978, pues hubiera evitado cinco años con tasas de inflación de alrededor del 15% anual.

Vemos que esta diferencia no se produce en el caso del "ahorrador". El hecho de haber empezado a invertir en un período de elevada inflación no le hubiera afectado del mismo modo que al "capitalista".

Es un aspecto muy importante que conviene entender. Para el "capitalista", es decir, para el inversor que invierte de una sola vez, el capital es una "variable *stock*" o variable fija porque su valor está referenciado a un único momento en el tiempo, el momento en el que se realiza la inversión. Por tanto, toda la inflación que haya a partir de ese instante afectará al valor real de su capital. En cambio, para el "ahorrador", es decir, la persona que invierte de forma regular a lo largo del tiempo, el capital es una "variable flujo". La cantidad que invierte en un año determinado quedará afectada por toda la inflación futura, pero solo esa cantidad. Si hay un período de varios años seguidos de inflación muy alta (como de 1978 a 1982), las aportaciones realizadas después del mismo ya no quedarán afectadas.

Por este motivo, la inflación es mucho más perjudicial para el "capitalista" que para el "ahorrador".

También queda claro que un plan de ahorro anual en bolsa es mucho menos arriesgado que invertir todo el capital de una sola vez. Esto queda evidenciado cuando se compara la rentabilidad del "capitalista" con la del "ahorrador".

En el cuadro siguiente se indica la rentabilidad nominal neta para ambos. En el caso del "capitalista", la rentabilidad se calcula dividiendo el capital final por el capital inicial, elevando el resultado por uno dividido por el número de años y finalmente restando la unidad para obtener el porcentaje. En el caso del ahorrador se calcula la TIR (Tasa Interna de Rentabilidad).

Vemos que las rentabilidades del "ahorrador" son más uniformes. Si bien hubieran sido generalmente inferiores a las del "capitalista", destaca la ventaja obtenida en el período 2008-2017.

| De | a | Años | Rentabilidad nominal neta | |
enero de	diciembre de		"Capitalista"	"Ahorrador"
1978	2017	40	11,94%	12,71%
1983	2017	35	13,30%	10,88%
1988	2017	30	8,63%	8,48%
1993	2017	25	10,02%	7,52%
1998	2017	20	6,13%	5,28%
2003	2017	15	7,46%	5,18%
2008	2017	10	-0,31%	4,54%
2013	2017	5	8,49%	5,90%

5. Plan de ahorro anual en renta fija

5.1. Activos monetarios

El primer título de renta fija a corto plazo en España fue emitido en 1982 por una empresa privada y hubo que esperar a 1987 para que el Tesoro Público emitiera la primera Letra del Tesoro. De aquí que los datos que se indican a continuación se refieren al interés de los depósitos a doce meses hasta 1987 y a las Letras del Tesoro a un año a partir de 1988.

Los títulos de renta fija a corto plazo emitidos por empresas o administraciones públicas son considerados equivalentes al dinero, en el sentido de que pueden ser dispuestos en un plazo breve de tiempo (inferior a 18 meses) con escaso riesgo de sufrir pérdidas. Por este motivo se conocen como activos monetarios. En los datos que se indican a continuación se ha considerado un impuesto sobre los intereses del 20%. En el cuadro se puede apreciar que la inversión en activos monetarios apenas habría proporcionado ganancias en términos reales. Esto se debe a que, en general, el tipo de interés a corto plazo ha estado muy próximo a la tasa de inflación, de modo que el interés real, sobre todo después de impuestos, fue cercano a cero. Los breves períodos en los que el interés a corto plazo estuvo varios puntos porcentuales por encima de la inflación se vieron descompensados por otros en que ocurrió lo contrario. Esto no significa que no tenga interés tener parte del capital invertido en activos monetarios. Cuando veamos planes de ahorro basados en combinaciones de activos, nos daremos cuenta de que los activos poco rentables pero seguros dan equilibrio al capital.

Activos monetarios: Capital final con un ahorro de 1.200 € / año * y TIR						
De enero de	a diciembre de	Años	Cantidad invertida *	Capital 31-12-2017	Rentabilidad (TIR) neta	
					real	nominal
1978	2017	40	48.000 €	52.914 €	0,47%	5,66%
1983	2017	35	42.000 €	45.612 €	0,45%	4,29%
1988	2017	30	36.000 €	37.192 €	0,21%	3,29%
1993	2017	25	30.000 €	29.540 €	-0,12%	2,37%
1998	2017	20	24.000 €	23.294 €	-0,29%	1,89%
2003	2017	15	18.000 €	17.665 €	-0,24%	1,67%
2008	2017	10	12.000 €	11.870 €	-0,20%	1,04%
2013	2017	5	6.000 €	5.930 €	-0,40%	-0,01%

* Euros constantes de diciembre de 2017

5.2. Obligaciones

Debido a la insuficiencia de series temporales extensas sobre la renta fija a largo plazo en España, he calculado la rentabilidad que hubiera producido comprar al principio de cada año una obligación a diez años, venderla al final del año y comprar un nuevo título equivalente de reciente emisión. En tanto que se considera que tiene lugar una venta al final de cada ejercicio, se ha considerado un impuesto sobre la plusvalía, en caso de haberla, del 20%, la misma tasa que para los intereses.

Un plan de ahorro de 1.200 € anuales (en valor de diciembre de 2017) entre 1978 y 2017 habría generado un capital de 105.599 € al final del período y la rentabilidad (TIR) habría sido del 3,51% anual.

Obligaciones: Capital final con un ahorro de 1.200 € / año * y TIR						
De enero de	a diciembre de	Años	Cantidad invertida *	Capital 31-12-2017	Rentabilidad (TIR) neta	
					real	nominal
1978	2017	40	48.000 €	105.599 €	3,51%	8,86%
1983	2017	35	42.000 €	84.156 €	3,58%	7,54%
1988	2017	30	36.000 €	62.435 €	3,35%	6,52%
1993	2017	25	30.000 €	45.004 €	2,99%	5,56%
1998	2017	20	24.000 €	32.018 €	2,67%	4,91%
2003	2017	15	18.000 €	23.096 €	3,06%	5,04%
2008	2017	10	12.000 €	14.977 €	3,99%	5,28%
2013	2017	5	6.000 €	6.723 €	3,82%	4,23%

* Euros constantes de diciembre de 2017

Un "capitalista" que hubiese invertido el equivalente a 48.000 € de 2017 a principios de 1978 habría obtenido un capital de 149.320 € en diciembre de 2017. Al igual que con la bolsa, habría ganado más, con una inversión menor, si hubiera invertido a partir de 1983 que si lo hubiera hecho a partir de 1978, por la misma razón explicada en el capítulo anterior.

De enero de	a diciembre de	Años	Capital 31-12-2017		Rentabilidad nominal neta	
			"Capitalista"	"Ahorrador"	"Capitalista"	"Ahorrador"
1978	2017	40	149.320 €	105.599 €	8,20%	8,86%
1983	2017	35	173.209 €	84.156 €	8,11%	7,54%
1988	2017	30	108.659 €	62.435 €	6,94%	6,52%
1993	2017	25	77.540 €	45.004 €	6,46%	5,56%
1998	2017	20	38.065 €	32.018 €	4,57%	4,91%
2003	2017	15	25.285 €	23.096 €	4,25%	5,04%
2008	2017	10	16.719 €	14.977 €	4,66%	5,28%
2013	2017	5	8.244 €	6.723 €	6,98%	4,23%

En el período completo de 1978 a 2017, un plan de ahorro en bolsa habría producido más ganancias que en obligaciones, como puede verse en el cuadro siguiente. Sin embargo, a partir de 1998 los resultados son similares, tanto en capital como en rentabilidad, debido a la mediocre evolución de la bolsa española desde ese año.

En el capítulo 8 veremos los resultados de un plan de ahorro invertido tanto en obligaciones como en bolsa.

De enero de	a diciembre de	Años	Capital final en 2017		TIR neta nominal	
			Bolsa	Obligaciones	Bolsa	Obligaciones
1978	2017	40	268.109	105.599	12,71%	8,86%
1983	2017	35	169.781	84.156	10,88%	7,54%
1988	2017	30	87.538	62.435	8,48%	6,52%
1993	2017	25	59.273	45.004	7,52%	5,56%
1998	2017	20	33.307	32.018	5,28%	4,91%
2003	2017	15	23.369	23.096	5,18%	5,04%
2008	2017	10	14.377	14.977	4,54%	5,28%
2013	2017	5	7.062	6.723	5,90%	4,23%

6. Plan de ahorro anual en dos activos refugio: oro y franco suizo

6.1. Oro

El oro y el franco suizo actúan como refugio en situaciones de incertidumbre económica particularmente intensa, por lo que puede ser interesante destinar parte del capital a uno o a ambos activos con el fin de dar mayor estabilidad al capital.

En cambio, no conviene adquirir estos activos cuando la situación de incertidumbre se está produciendo ya que en tal caso pueden alcanzar precios muy sobrevalorados. Es decir, no conviene usarlos como refugio sino como protección.

Como expliqué en la tercera monografía, probablemente el oro estaba muy sobrevalorado a finales de 2017 a un precio de 1.295 dólares la onza, por lo que es posible que el metal no sea una buena inversión a largo plazo. A pesar de ello, lo más probable es que siga cumpliendo con su condición de activo refugio.

En el cuadro siguiente se indica el capital que habría producido un plan de ahorro en oro para un residente en España. Además de la evolución del precio del oro se ha tenido en cuenta la apreciación o depreciación del dólar.

En todos los plazos, el resultado hubiera sido mejor que el de un plan de ahorro en activos monetarios, como se puede comprobar si se comparara el siguiente cuadro con el primero del capítulo anterior.

| Oro: Capital final con un ahorro de 1.200 € / año * y TIR ||||||
| De enero de | a diciembre de | Años | Cantidad invertida * | Capital 31-12-2017 | Rentabilidad (TIR) neta ||
					real	nominal
1978	2017	40	48.000 €	84.218 €	2,57%	7,87%
1983	2017	35	42.000 €	76.127 €	3,09%	7,03%
1988	2017	30	36.000 €	69.474 €	3,96%	7,15%
1993	2017	25	30.000 €	57.463 €	4,69%	7,30%
1998	2017	20	24.000 €	43.876 €	5,45%	7,75%
2003	2017	15	18.000 €	27.959 €	5,33%	7,35%
2008	2017	10	12.000 €	13.909 €	2,67%	3,95%
2013	2017	5	6.000 €	6.269 €	1,47%	1,87%

* Euros constantes de diciembre de 2017

En el período de 2013 a 2017 volvemos a encontrar una diferencia significativa entre el resultado que hubiese obtenido un "capitalista" frente al que hubiera proporcionado un plan de ahorro. Se debe a que en 2013 el oro tuvo una rentabilidad en euros negativa en un 30,8% y en los años sucesivos no hubiera sido posible recuperar esas pérdidas. En cambio, un plan de ahorro hubiese producido resultados positivos porque hubiera quedado menos afectado por la caída de 2013 y en 2014 y 2016 la rentabilidad fue superior al 10%.

De enero de	a diciembre de	Años	Capital 31-12-2017		Rentabilidad nominal neta	
			"Capitalista"	"Ahorrador"	"Capitalista"	"Ahorrador"
1978	2017	40	88.916 €	84.218 €	6,80%	7,87%
1983	2017	35	36.543 €	76.127 €	3,41%	7,03%
1988	2017	30	49.711 €	69.474 €	4,18%	7,15%
1993	2017	25	77.027 €	57.463 €	6,43%	7,30%
1998	2017	20	64.564 €	43.876 €	7,37%	7,75%
2003	2017	15	44.974 €	27.959 €	8,33%	7,35%
2008	2017	10	20.264 €	13.909 €	6,69%	3,95%
2013	2017	5	5.066 €	6.269 €	-2,95%	1,87%

6.2. *Franco suizo*

En abril de 2015, Suiza se convirtió en el primer país en emitir obligaciones a diez años con un interés negativo del 0,06%. Puede parecer absurdo pagar por prestar dinero, y lo es desde el punto de vista del inversor particular residente en Suiza. Pero para un inversor extranjero puede tener sentido si espera una significativa revalorización del franco suizo, ya que en tal caso la ganancia por la apreciación de la divisa podrá compensar el interés negativo.

En julio de 2016, tras la tormenta desatada por el resultado del referéndum en el Reino Unido favorable a la salida del país de la Unión Europea, Suiza volvió a batir un récord: las obligaciones a más largo plazo, nada menos que cincuenta años, dieron un rendimiento negativo del 0,003%. Fue la primera vez en la historia que un país tenía toda su deuda pública con interés negativo. Ello se debió en parte a la condición del franco suizo como activo refugio y en parte a las expectativas de revalorización de la moneda.

El interés del franco suizo no reside, pues, en su rendimiento sino en que, además de actuar como activo refugio, es la divisa de un país con una inflación tradicionalmente muy baja, lo que favorece su apreciación a largo plazo.

En el cuadro siguiente vemos que la rentabilidad real, expresada en moneda española (peseta hasta 1998 y euro a partir de 1999), de un depósito (cuenta corriente cuando el interés de los depósitos fue negativo) en francos suizos fue muy reducida.

Franco suizo: Capital final con un ahorro de 1.200 € / año * y TIR						
De enero de	a diciembre de	Años	Cantidad invertida *	Capital 31-12-2017	Rentabilidad (TIR) neta	
					real	nominal
1978	2017	40	48.000 €	51.496 €	0,34%	5,53%
1983	2017	35	42.000 €	45.099 €	0,39%	4,22%
1988	2017	30	36.000 €	38.742 €	0,47%	3,55%
1993	2017	25	30.000 €	31.457 €	0,36%	2,86%
1998	2017	20	24.000 €	25.193 €	0,46%	2,66%
2003	2017	15	18.000 €	19.184 €	0,79%	2,72%
2008	2017	10	12.000 €	12.526 €	0,78%	2,03%
2013	2017	5	6.000 €	5.834 €	-0,93%	-0,54%

* Euros constantes de diciembre de 2017

La rentabilidad del franco suizo fue muy similar a la de los activos monetarios en pesetas / euros, como se indica en el cuadro siguiente. Tal como demostré en la tercera Monografía Invesgrama, la rentabilidad de las diferentes divisas tiende a coincidir a largo plazo porque el diferencial en los tipos de interés se ve compensado por la apreciación de la divisa que tiene los tipos de interés más reducidos.

De enero de	a diciembre de	Años	Capital final en 2017		TIR neta nominal	
			Peseta / Euro	Franco suizo	Peseta / Euro	Franco suizo
1978	2017	40	84.218	51.496	5,66%	5,53%
1983	2017	35	76.127	45.099	4,29%	4,22%
1988	2017	30	69.474	38.742	3,29%	3,55%
1993	2017	25	57.463	31.457	2,37%	2,86%
1998	2017	20	43.876	25.193	1,89%	2,66%
2003	2017	15	27.959	19.184	1,67%	2,72%
2008	2017	10	13.909	12.526	1,04%	2,03%
2013	2017	5	6.269	5.834	-0,01%	-0,54%

Al igual que en el caso de los activos monetarios, el interés de un activo no reside únicamente en su rentabilidad sino también en el equilibrio que puede aportar a un capital diversificado, como veremos más adelante.

7. Plan de ahorro anual en bolsa de Estados Unidos y Alemania

7.1. Bolsa de Estados Unidos

Diversificar en bolsa extranjera nos permite obtener mayor rentabilidad de nuestro capital y al mismo reducir la dependencia hacia el mercado de un único país. Aquí veremos la rentabilidad que hubiera proporcionado un plan de ahorro anual en las bolsas de Estados Unidos y de Alemania y la compararemos con la de la bolsa española. Más adelante veremos el resultado de planes de ahorro diversificados en varios de estos mercados.

La bolsa estadounidense ha sido muy rentable, incluso en términos reales, como puede verse en el cuadro siguiente, que recoge la rentabilidad neta en moneda española de un plan de ahorro que hubiera estado invertido en el índice Dow Jones Industrial. Entre 1978 y 2017 la rentabilidad en moneda española fue del 8,17% anual en términos reales y del 13,76% anual en términos nominales. Una pequeña parte de la rentabilidad nominal se debió a la apreciación del dólar frente a la moneda española, que fue de una media del 1,38% anual. En realidad, toda esa apreciación tuvo lugar en los primeros veinte años del período:: entre 1978 y 1997 el dólar se apreció una media del 3,22% anual. En cambio, entre 1998 y 2017 la divisa americana se depreció un 0,43% anual.

Un plan de ahorro de 1.200 € anuales habría dado lugar a un capital de 351.364 € en diciembre de 2017, que es 7,3 veces los 48.000 € que se habrían aportado al plan.

Bolsa de Estados Unidos: Capital final con un ahorro de 1.200 € / año * y TIR						
De enero de	a diciembre de	Años	Cantidad invertida *	Capital 31-12-2017	Rentabilidad (TIR) neta	
					real	nominal
1978	2017	40	48.000 €	351.364 €	8,17%	13,76%
1983	2017	35	42.000 €	216.732 €	7,87%	11,99%
1988	2017	30	36.000 €	149.322 €	8,09%	11,41%
1993	2017	25	30.000 €	87.658 €	7,50%	10,18%
1998	2017	20	24.000 €	53.659 €	7,16%	9,50%
2003	2017	15	18.000 €	41.207 €	9,80%	11,90%
2008	2017	10	12.000 €	26.164 €	13,81%	15,22%
2013	2017	5	6.000 €	9.534 €	15,86%	16,32%

* Euros constantes de diciembre de 2017

En algunos períodos, la rentabilidad de un plan de ahorro en bolsa estadounidense habría sido superior a la obtenida por un inversor que hubiese invertido de una sola vez al inicio del período correspondiente. La mayor diferencia tuvo lugar entre 2008 y 2017, tal como vimos también en la bolsa española, a causa de las grandes pérdidas de 2008. La TIR del "ahorrador" habría sido del 15,22% anual, frente a la rentabilidad del 10,89% anual del "capitalista" porque el primero solo habría invertido una cantidad anual en el negativo año 2008.

Sin embargo, se puede apreciar que el capital conseguido por el "capitalista" entre 2008 y 2017 habría sido superior al obtenido por el "ahorrador", algo que no ha sucedido con el índice general de Madrid. La razón es que la bolsa americana se recuperó mucho mejor que la española a partir de 2010, de modo que un inversor que hubiese invertido al principio de 2008 habría tenido un mal año inicial pero a continuación habría recuperado las pérdidas y pronto habría obtenido ganancias significativas.

| De | a | Años | Capital 31-12-2017 | | Rentabilidad nominal neta | |
enero de	diciembre de		"Capitalista"	"Ahorrador"	"Capitalista"	"Ahorrador"
1978	2017	40	875.051 €	351.364 €	13,09%	13,76%
1983	2017	35	630.072 €	216.732 €	12,17%	11,99%
1988	2017	30	427.852 €	149.322 €	11,93%	11,41%
1993	2017	25	232.330 €	87.658 €	11,24%	10,18%
1998	2017	20	63.999 €	53.659 €	7,32%	9,50%
2003	2017	15	47.062 €	41.207 €	8,66%	11,90%
2008	2017	10	29.813 €	26.164 €	10,89%	15,22%
2013	2017	5	13.427 €	9.534 €	17,95%	16,32%

En todos los plazos considerados, un plan de ahorro en bolsa estadounidense habría sido más rentable que en bolsa española, sobre todo en los años más recientes.

En el período de cuarenta años de 1978 a 2017 la diferencia en el capital es muy significativa. En cambio, la diferencia en la tasa interna de rentabilidad (TIR) es de apenas un punto anual. Esto ilustra la importancia que tiene a largo plazo cada punto adicional.

| De | a | Años | Capital final en 2017 | | TIR neta nominal | |
enero de	diciembre de		Bolsa España	Bolsa EEUU	Bolsa España	Bolsa EEUU
1978	2017	40	268.109	351.364	12,71%	13,76%
1983	2017	35	169.781	216.732	10,88%	11,99%
1988	2017	30	87.538	149.322	8,48%	11,41%
1993	2017	25	59.273	87.658	7,52%	10,18%
1998	2017	20	33.307	53.659	5,28%	9,50%
2003	2017	15	23.369	41.207	5,18%	11,90%
2008	2017	10	14.377	26.164	4,54%	15,22%
2013	2017	5	7.062	9.534	5,90%	16,32%

7.2. Bolsa de Alemania

Invertir en bolsa alemana, además de hacerlo en la española, permite diversificar sin el riesgo de divisa que tiene la bolsa estadounidense.

El cuadro siguiente indica el resultado que hubiera proporcionado un plan de ahorro en el índice DAX de la bolsa germana. Vemos que no hubiera sido tan rentable como en bolsa estadounidense.

Bolsa de Alemania: Capital final con un ahorro de 1.200 € / año * y TIR						
De enero de	a diciembre de	Años	Cantidad invertida *	Capital 31-12-2017	Rentabilidad (TIR) neta	
					real	nominal
1978	2017	40	48.000 €	174.174 €	5,53%	10,99%
1983	2017	35	42.000 €	125.910 €	5,46%	9,49%
1988	2017	30	36.000 €	90.424 €	5,42%	8,66%
1993	2017	25	30.000 €	61.080 €	5,11%	7,73%
1998	2017	20	24.000 €	40.839 €	4,83%	7,12%
2003	2017	15	18.000 €	31.922 €	6,88%	8,93%
2008	2017	10	12.000 €	18.713 €	7,94%	9,28%
2013	2017	5	6.000 €	7.734 €	8,59%	9,02%

* Euros constantes de diciembre de 2017

La ganancia también habría sido inferior que en bolsa española si tenemos en cuenta la totalidad del período, pero la situación cambia ya a partir de 1988 y la diferencia se acrecienta en los plazos más recientes.

De enero de	a diciembre de	Años	Capital final en 2017		TIR neta nominal	
			Bolsa España	Bolsa Alemania	Bolsa España	Bolsa Alemania
1978	2017	40	268.109	174.174	12,71%	10,99%
1983	2017	35	169.781	125.910	10,88%	9,49%
1988	2017	30	87.538	90.424	8,48%	8,66%
1993	2017	25	59.273	61.080	7,52%	7,73%
1998	2017	20	33.307	40.839	5,28%	7,12%
2003	2017	15	23.369	31.922	5,18%	8,93%
2008	2017	10	14.377	18.713	4,54%	9,28%
2013	2017	5	7.062	7.734	5,90%	9,02%

En vista de estos resultados, puede ser buena idea incorporar a nuestro plan de ahorro alguna de estas bolsas. A partir del capítulo siguiente veremos varios planes de ahorro basados en combinaciones de activos.

8. Planes de ahorro diversificados

8.1. Infinitas combinaciones

Existe una infinidad de combinaciones posibles para obtener un capital diversificado según el tipo de activos, la cantidad de estos, las ponderaciones de cada uno dentro del capital y las pautas temporales. Por ejemplo, podemos diversificar en obligaciones y bolsa con ponderaciones del 30/70, 50/50, 70/30 o cualesquiera otras, con la pauta de comprar ambos activos cada año o la de comprar cada uno en años alternos. O podemos diversificar en obligaciones, oro y bolsa, con diversas ponderaciones y diferentes pautas temporales. Dentro de una misma clase de activo, podemos invertir en un fondo de renta fija pública y en otro de renta fija corporativa, en bolsa nacional y en bolsa extranjera.

Entre todas las posibilidades he seleccionado, entre otras, las siguientes combinaciones con el fin de evaluar sus resultados:

* Bolsa española y obligaciones.
* Activos monetarios, obligaciones, oro y franco suizo.
* Bolsa española, bolsa estadounidense y obligaciones.
* Bolsa española, bolsa estadounidense, obligaciones y oro.
* Bolsa española, bolsa estadounidense, obligaciones y franco suizo.
* Bolsa española y bolsa estadounidense
* Obligaciones y bolsa estadounidense.

En todas las combinaciones consideradas, la ponderación de cada activo será la misma. Veremos los resultados en caso de seguir la pauta de comprar un solo activo por año y de no llevar a cabo cambio alguno en la estructura del capital. Veremos también los resultados de reequilibrar el capital al principio de cada año de forma que cada activo pondere lo mismo. En este último caso se considerará que cada año la cantidad ahorrada se divide a partes iguales entre los diferentes activos.

En el primero de los planes considerados, diversificado en bolsa y obligaciones españolas, se podrá ver el procedimiento que he seguido para llegar a los resultados, tanto para el caso de que los activos sean adquiridos en años alternos como en el caso de reajuste anual de las ponderaciones. En los demás planes de ahorro indicaré los resultados resumidos.

8.2. Plan de ahorro en bolsa y obligaciones, en años alternos

El cuadro siguiente ilustra la evolución de un plan de ahorro en bolsa y obligaciones españolas entre 1978 y 2017. La segunda columna indica la cantidad ahorrada e invertida al principio de cada año en euros constantes de finales de 2017. Es decir, cada una de las cantidades invertidas cada año equivale a 1.200 € de diciembre de 2017. Se trata, por tanto, de un plan de ahorro en el que cada año se invierte la misma cantidad en términos reales.

La línea correspondiente a 1978 se lee del siguiente modo: al principio del año se habría invertido el equivalente a 159,74 € (1.200 € en euros de 2017) en bolsa española; como la rentabilidad de la bolsa fue de -5,17%, al final del año esta cantidad se habría convertido en 151,49 €.

Año	1.200€ con valor dic.-2017	Cantidad invertida en		Capital inicio año en		Rentabilidad neta		Capital final año en		Capital total acumulado
		Bolsa española	Obliga-ciones	Bolsa española	Obliga-ciones	Bolsa española	Obliga-ciones	Bolsa española	Obliga-ciones	
1977										
1978	159,74	159,74		159,74		-5,17%	16,73%	151,49		151,49
1979	186,10		186,10	151,49	186,10	-10,28%	-5,91%	135,92	175,10	311,02
1980	215,13	215,13		351,06	175,10	14,98%	13,32%	403,65	198,43	602,08
1981	247,83		247,83	403,65	446,26	33,60%	11,98%	539,25	499,75	1.039,00
1982	283,52	283,52		822,77	499,75	-11,72%	9,51%	726,31	547,25	1.273,56
1983	323,21		323,21	726,31	870,47	28,95%	14,94%	936,54	1.000,51	1.937,05
1984	362,65	362,65		1.299,19	1.000,51	50,89%	25,97%	1.960,32	1.260,36	3.220,68
1985	395,28		395,28	1.960,32	1.655,65	41,57%	19,52%	2.775,26	1.978,88	4.754,15
1986	427,70	427,70		3.202,96	1.978,88	114,38%	3,04%	6.866,57	2.039,11	8.905,68
1987	463,20		463,20	6.866,57	2.502,31	11,78%	14,85%	7.675,35	2.874,02	10.549,37
1988	484,50	484,50		8.159,86	2.874,02	23,93%	1,92%	10.112,22	2.929,30	13.041,52
1989	512,60		512,60	10.112,22	3.441,90	10,60%	15,57%	11.183,97	3.977,74	15.161,72
1990	547,97	547,97		11.731,95	3.977,74	-22,97%	5,87%	9.037,09	4.211,37	13.248,46
1991	583,59		583,59	9.037,09	4.794,96	14,02%	20,10%	10.303,90	5.758,79	16.062,69
1992	615,69	615,69		10.919,59	5.758,79	-8,62%	4,33%	9.977,95	6.008,12	15.986,06
1993	648,32		648,32	9.977,95	6.656,44	55,04%	29,52%	15.469,32	8.621,68	24.091,01
1994	680,09	680,09		16.149,41	8.621,68	-9,72%	-4,73%	14.579,25	8.214,16	22.793,40
1995	709,33		709,33	14.579,25	8.923,49	15,01%	13,07%	16.768,08	10.089,48	26.857,56
1996	739,84	739,84		17.507,91	10.089,48	42,14%	25,50%	24.886,49	12.661,81	37.548,30
1997	763,51		763,51	24.886,49	13.425,32	44,73%	11,80%	36.019,41	15.009,37	51.028,78
1998	778,78	778,78		36.798,19	15.009,37	39,00%	13,18%	51.150,91	16.988,09	68.139,01
1999	789,68		789,68	51.150,91	17.777,77	19,01%	-2,47%	60.872,39	17.338,53	78.210,92
2000	812,58	812,58		61.684,98	17.338,53	-10,87%	5,09%	54.979,60	18.221,35	73.200,95
2001	845,09		845,09	54.979,60	19.066,43	-4,19%	5,44%	52.674,51	20.104,00	72.778,51
2002	867,90	867,90		53.542,41	20.104,00	-21,00%	6,98%	42.298,08	21.507,33	63.805,41
2003	902,62		902,62	42.298,08	22.409,95	31,86%	4,25%	55.774,76	23.362,50	79.137,26
2004	926,09	926,09		56.700,85	23.362,50	22,19%	8,62%	69.284,48	25.375,94	94.660,42
2005	955,72		955,72	69.284,48	26.331,66	24,72%	3,34%	86.414,78	27.209,91	113.624,69
2006	991,09	991,09		87.405,87	27.209,91	39,32%	0,51%	121.771,31	27.348,45	149.119,76
2007	1.017,84		1017,84	121.771,31	28.366,30	8,44%	0,74%	132.049,11	28.575,25	160.624,37
2008	1.060,59	1060,59		133.109,71	28.575,25	-37,67%	6,11%	82.961,32	30.320,64	113.281,96
2009	1.075,44		1075,44	82.961,32	31.396,09	31,80%	1,35%	109.340,79	31.821,26	141.162,05
2010	1.084,05	1084,05		110.424,84	31.821,26	-15,57%	-5,07%	93.235,93	30.207,26	123.443,20
2011	1.116,57		1116,57	93.235,93	31.323,83	-9,93%	5,61%	83.977,87	33.079,61	117.057,68
2012	1.143,36	1143,36		85.121,24	33.079,61	3,24%	4,33%	87.877,55	34.513,35	122.390,90
2013	1.176,52		1176,52	87.877,55	35.689,87	28,33%	13,64%	112.775,78	40.558,69	153.334,47
2014	1.180,05	1180,05		113.956,83	40.558,69	7,87%	17,61%	122.921,78	47.699,97	170.621,76
2015	1.168,25		1168,25	122.921,78	48.868,22	-4,04%	3,36%	117.953,25	50.509,72	168.462,96
2016	1.168,25	1168,25		119.121,50	50.509,72	1,74%	-0,39%	121.195,43	50.312,93	171.508,36
2017	1.186,94		1186,94	121.195,43	51.499,87	11,23%	1,84%	134.804,96	52.446,62	187.253,58

La línea correspondiente a 1979 nos dice que al principio del año se invierte el equivalente a 186,10 € (1.200 € en euros de 2017) en obligaciones. El capital al inicio del año en bolsa es de 151,49 € (igual al capital al final del año anterior) y en obligaciones, de 186,10 €, que es la aportación del año corriente. Como en 1979 la bolsa perdió un 10, 28%, el capital al final del año en bolsa fue de 135,92 €. Como las obligaciones perdieron un 5,91%, el capital al final del año en obligaciones fue de 175,10 €. La suma de 135,92€ en bolsa y de 175,10 € en obligaciones nos da un capital de 311,02 €, que es la cifra que aparece en la última columna.

La línea correspondiente a 1980 nos indica que ese año se invierte el equivalente a 215,13 € (1.200 € en euros de 2017) en bolsa. El capital acumulado en bolsa es el capital al final del año pasado (135,92 €) más la nueva aportación (215,13 €), o sea un total de 351,06 € (puede haber errores de redondeo al usar dos decimales, no así en la tabla, que usa más decimales). En obligaciones, el capital inicial es el mismo que al final del año anterior porque no hay nuevas aportaciones. Como en años anteriores, se aplica la rentabilidad del ejercicio de cada activo para calcular el capital final en cada uno de ellos y el capital total acumulado.

Siguiendo el mismo esquema hasta 2017, encontramos que el capital acumulado al final de 2017 es de 187.253 €, lo que corresponde a una tasa interna de rentabilidad del 5,81% anual real y del 11,28% anual nominal.

Para los períodos iniciados en 1983, 1988, 1993, 1998, 2003, 2008 y 2013 se ha seguido el mismo procedimiento que el explicado con anterioridad pero con fecha de inicio en cada uno de esos años.

Bolsa española y obligaciones, en años alternos						
De enero de	a diciembre de	Años	Cantidad invertida *	Capital 31-12-2017	Rentabilidad (TIR) neta	
					real	nominal
1978	2017	40	48.000 €	187.254 €	5,81%	11,28%
1983	2017	35	42.000 €	121.512 €	5,30%	9,32%
1988	2017	30	36.000 €	73.930 €	4,31%	7,51%
1993	2017	25	30.000 €	49.971 €	3,73%	6,32%
1998	2017	20	24.000 €	32.263 €	2,74%	4,99%
2003	2017	15	18.000 €	22.588 €	2,79%	4,76%
2008	2017	10	12.000 €	14.191 €	3,03%	4,31%
2013	2017	5	6.000 €	6.787 €	4,14%	4,55%

* Euros constantes de diciembre de 2017

8.3. Plan de ahorro en bolsa y obligaciones, con reajuste de ponderaciones

Otra alternativa es reequilibrar cada año el capital de modo que al principio del ejercicio tengamos la misma cantidad invertida en bolsa y en obligaciones.

Este procedimiento implica vender el activo que está sobreponderado y destinar los ingresos al activo que está infraponderado, tal como se muestra en la tabla siguiente.

Año	1.200€ con valor dic.-2017	Capital más nuevo ahorro	Cantidad invertida en		Capital inicio año en		Rentabilidad neta		Capital final año en		Capital total acumulado
			Bolsa española	Obliga-ciones	Bolsa española	Obliga-ciones	Bolsa española	Obliga-ciones	Bolsa española	Obliga-ciones	
1977											
1978	159,74	159,74	79,87	79,87	79,87	79,87	-5,17%	16,73%	75,75	93,23	168,98
1979	166,10	355,08	101,79	84,31	177,54	177,54	-10,28%	-5,91%	159,29	167,04	326,34
1980	215,13	541,47	111,44	103,69	270,74	270,74	14,98%	13,32%	311,29	306,81	618,10
1981	247,83	865,93	121,67	120,16	432,97	432,97	33,60%	11,98%	578,42	484,86	1.063,28
1982	263,52	1.346,80	94,98	186,54	673,40	673,40	-11,72%	9,51%	594,45	737,42	1.331,86
1983	323,21	1.655,08	233,09	90,12	827,54	827,54	28,95%	14,94%	1.067,08	951,17	2.018,25
1984	362,65	2.380,89	123,37	239,28	1.190,45	1.190,45	50,89%	25,97%	1.796,25	1.499,63	3.295,87
1985	395,28	3.691,16	49,33	346,95	1.845,58	1.845,58	41,57%	19,52%	2.612,81	2.205,90	4.818,71
1986	427,70	5.246,41	10,39	417,31	2.623,20	2.623,20	114,38%	3,04%	5.623,68	2.703,06	8.326,72
1987	463,20	8.789,92	-1.228,72	1.691,91	4.394,96	4.394,96	11,78%	14,85%	4.912,63	5.047,81	9.960,43
1988	484,50	10.444,94	309,84	174,06	5.222,47	5.222,47	23,93%	1,92%	6.472,02	5.322,92	11.794,94
1989	512,60	12.307,55	-318,25	830,85	6.153,77	6.153,77	10,60%	15,57%	6.805,98	7.111,81	13.917,79
1990	547,97	14.465,77	426,90	121,08	7.232,88	7.232,88	-22,97%	5,87%	5.571,47	7.657,69	13.229,16
1991	583,59	13.812,75	1.334,91	-751,31	6.906,38	6.906,38	14,02%	20,10%	7.874,50	8.294,62	16.169,13
1992	615,69	16.784,82	517,91	97,78	8.392,41	8.392,41	-8,62%	4,33%	7.668,70	8.755,75	16.424,45
1993	648,32	17.072,77	867,69	-219,37	8.536,39	8.536,39	55,04%	29,52%	13.234,40	11.056,67	24.291,06
1994	680,09	24.971,15	-748,82	1.428,91	12.485,58	12.485,58	-9,72%	-4,73%	11.271,64	11.895,41	23.167,05
1995	709,33	23.876,38	600,55	42,78	11.938,19	11.938,19	15,01%	13,07%	13.730,51	13.498,10	27.228,61
1996	739,84	27.968,44	253,71	486,12	13.984,22	13.984,22	42,14%	25,50%	19.877,76	17.549,53	37.427,29
1997	763,51	38.190,80	-782,36	1.545,87	19.095,40	19.095,40	44,73%	11,80%	27.637,69	21.348,46	48.986,15
1998	778,76	49.764,93	-2.755,23	3.534,01	24.882,47	24.882,47	39,00%	13,18%	34.587,60	28.162,78	62.750,37
1999	789,68	63.540,06	-2.817,57	3.607,25	31.770,03	31.770,03	19,01%	-2,47%	37.808,07	30.985,08	68.793,15
2000	812,58	69.605,73	-3.005,21	3.817,79	34.802,87	34.802,87	-10,87%	5,09%	31.019,67	36.574,90	67.594,58
2001	845,09	68.439,66	3.200,16	-2.355,07	34.219,83	34.219,83	-4,19%	5,44%	32.785,12	36.082,03	68.867,15
2002	867,90	69.735,05	2.082,41	-1.214,50	34.867,53	34.867,53	-21,00%	6,98%	27.545,07	37.301,39	64.846,46
2003	902,62	65.749,08	5.329,47	-4.426,86	32.874,54	32.874,54	31,86%	4,25%	43.348,77	34.271,89	77.620,66
2004	926,09	78.546,75	-4.075,40	5.001,49	39.273,37	39.273,37	22,19%	8,62%	47.989,32	42.658,05	90.647,37
2005	955,72	91.603,10	-2.187,77	3.143,49	45.801,55	45.801,55	24,72%	3,34%	57.125,79	47.329,19	104.454,98
2006	991,09	105.446,06	-4.402,76	5.303,85	52.723,03	52.723,03	39,32%	0,51%	73.452,19	52.991,48	126.443,67
2007	1.017,84	127.461,52	-9.721,43	10.739,28	63.730,76	63.730,76	8,44%	0,74%	69.109,80	64.200,22	133.310,02
2008	1.060,59	134.370,61	-1.924,49	2.985,08	67.185,31	67.185,31	-37,67%	6,11%	41.873,59	71.289,02	113.162,61
2009	1.075,44	114.236,05	15.245,43	-14.169,99	57.119,02	57.119,02	31,80%	1,35%	75.281,34	57.892,54	133.173,88
2010	1.084,05	134.257,93	-8.152,38	9.236,43	67.128,96	67.128,96	-15,57%	-5,07%	56.679,56	63.724,14	120.403,70
2011	1.116,57	121.520,27	4.080,57	-2.964,00	60.760,14	60.760,14	-9,93%	5,61%	54.726,83	64.166,29	118.893,12
2012	1.143,36	120.036,48	5.291,41	-4.148,05	60.018,24	60.018,24	3,24%	4,33%	61.965,70	62.615,18	124.580,87
2013	1.170,52	125.757,39	917,00	259,52	62.878,70	62.878,70	28,33%	13,64%	80.694,03	71.456,62	152.150,65
2014	1.180,05	153.330,71	-4.028,08	5.208,73	76.665,35	76.665,35	7,87%	17,61%	82.697,32	90.164,03	172.861,35
2015	1.168,25	174.029,60	4.317,48	-3.149,23	87.014,80	87.014,80	-4,04%	3,36%	83.497,64	89.937,64	173.435,28
2016	1.168,25	174.603,53	3.804,13	-2.635,88	87.301,76	87.301,76	1,74%	-0,39%	88.821,71	86.961,64	175.783,35
2017	1.186,94	175.970,29	-336,57	1.523,51	88.485,14	88.485,14	11,23%	1,84%	98.421,50	90.115,24	188.536,74

Los resultados por períodos quedan recogidos en el siguiente cuadro. Se constata que la pauta descrita hubiera dado lugar a capitales más elevados que la anterior. Además, el riesgo asumido hubiera sido también más bajo, al haber evitado una sobreponderación de la bolsa en los años más negativos.

| Bolsa española y obligaciones, con reajuste anual de ponderaciones |||||||
| De enero de | a diciembre de | Años | Cantidad invertida * | Capital 31-12-2017 | Rentabilidad (TIR) neta ||
					real	nominal
1978	2017	40	48.000 €	188.537 €	5,83%	11,28%
1983	2017	35	42.000 €	131.056 €	5,65%	9,32%
1988	2017	30	36.000 €	80.074 €	4,75%	7,51%
1993	2017	25	30.000 €	54.836 €	4,37%	6,32%
1998	2017	20	24.000 €	34.207 €	3,27%	4,99%
2003	2017	15	18.000 €	23.847 €	3,44%	4,76%
2008	2017	10	12.000 €	14.773 €	3,75%	4,31%
2013	2017	5	6.000 €	6.904 €	4,71%	4,55%

* Euros constantes de diciembre de 2017

A efectos de comparar los resultados con los del capítulo anterior, he utilizado las mismas rentabilidades anuales para ambos activos. En el caso de las obligaciones, se ha descontado un impuesto del 20% sobre los intereses y sobre las plusvalías ya que he supuesto que los títulos se venden al final de cada ejercicio. Si suponemos que se invierte en renta fija a través de un fondo, habría que considerar que las plusvalías son brutas ya que los fondos solo tributan por el impuesto de sociedades al 1%. En contrapartida, habría que restar la comisión de gestión, que supondré de un 0,5% anual. En cambio, la rentabilidad de la bolsa solo recoge un impuesto del 20% sobre los dividendos porque en un plan de ahorro acumulativo las acciones no se venden. Para mantener el supuesto de que las plusvalías no tributan, habría que considerar que se invierte en bolsa a través de un fondo de inversión ya que en tal caso las plusvalías realizadas quedan exentas de tributar mientras se reinviertan en otro producto similar (aunque no siempre ha sido así, mantendré el supuesto a lo largo de todo el período ya que se trata de extrapolar resultados hacia el futuro). Vimos en el apartado 3.2.3 del capítulo 3 que los ETFs indexados al IBEX 35 han obtenido rentabilidades incluso superiores al índice con dividendos netos pero descontaré una comisión del 0,5% anual para mantener el mismo supuesto que con las obligaciones. Los resultados de llevar a cabo estos ajustes, recogidos en el siguiente cuadro, son similares, en general, a los ya expuestos.

| Bolsa española y obligaciones, con reajuste anual de ponderaciones, neto de comisiones del 0,5% |||||||
| De enero de | a diciembre de | Años | Cantidad invertida * | Capital 31-12-2017 | Rentabilidad (TIR) neta ||
					real	nominal
1978	2017	40	48.000 €	174.098 €	5,53%	10,99%
1983	2017	35	42.000 €	122.569 €	5,34%	9,36%
1988	2017	30	36.000 €	75.873 €	4,45%	7,66%
1993	2017	25	30.000 €	52.460 €	4,06%	6,65%
1998	2017	20	24.000 €	33.024 €	2,95%	5,20%
2003	2017	15	18.000 €	23.278 €	3,15%	5,13%
2008	2017	10	12.000 €	14.614 €	3,55%	4,84%
2013	2017	5	6.000 €	6.873 €	4,56%	4,97%

8.4. Plan de ahorro anual diversificado sin bolsa

Un inversor que quiera hacer un plan de ahorro diversificado sin incorporar bolsa, podría plantearse la opción de dividir su capital en obligaciones, francos suizos y oro. Para ver la rentabilidad anual en euros de cada uno de estos activos a nivel individual, ver la Tabla A.5 del Apéndice 2.

El capital obtenido con un plan de ahorro de 48.000 € distribuidos a lo largo de cuarenta años habría sido de 81.272 €. Corresponde a una TIR del 2,41% anual en términos reales y del 7,71% anual en términos nominales.

Obligaciones, francos suizos y oro, en años alternos						
De enero de	a diciembre de	Años	Cantidad invertida *	Capital 31-12-2017	Rentabilidad (TIR) neta	
					real	nominal
1978	2017	40	48.000 €	81.272 €	2,41%	7,71%
1983	2017	35	42.000 €	69.116 €	2,61%	6,53%
1988	2017	30	36.000 €	56.365 €	2,75%	5,90%
1993	2017	25	30.000 €	44.900 €	2,97%	5,54%
1998	2017	20	24.000 €	34.235 €	3,27%	5,53%
2003	2017	15	18.000 €	23.202 €	3,11%	5,09%
2008	2017	10	12.000 €	13.723 €	2,42%	3,69%
2013	2017	5	6.000 €	6.188 €	1,03%	1,43%

* Euros constantes de diciembre de 2017

Se trata de una cantidad inferior a la que se habría obtenido en caso de invertir únicamente en obligaciones. Sin embargo, la rentabilidad media de los tres activos solo habría sido negativa en cinco años, siendo el peor ejercicio el de 1988, con una pérdida del 6,6% (ver Tabla A.7 del Apéndice 2).

Invertir en bolsa española y obligaciones habría producido once años negativos en el período de cuarenta años, siendo la pérdida máxima del 15,8% en 2008. Se podría decir que el riesgo fue el doble respecto a la alternativa ahora considerada, en términos de años negativos y pérdida máxima. Pero el capital al final de 2017 habría sido de 187.254 €, que es también el doble, concretamente 2,3 veces más que los 81.272 € que se habrían obtenido con obligaciones, francos suizos u oro.

8.5. Plan de ahorro anual en bolsa española y estadounidense

Un plan de ahorro invertido en años alternos en bolsa estadounidense y española habría producido rentabilidades significativas en todos los períodos. Se ha considerado un impuesto del 20% sobre los dividendos.

Bolsa española y bolsa estadounidense, en años alternos						
De enero de	a diciembre de	Años	Cantidad invertida *	Capital 31-12-2017	Rentabilidad (TIR) neta	
					real	nominal
1978	2017	40	48.000 €	313.131 €	7,74%	13,31%
1983	2017	35	42.000 €	192.492 €	7,36%	11,46%
1988	2017	30	36.000 €	119.920 €	6,94%	10,22%
1993	2017	25	30.000 €	72.287 €	6,23%	8,88%
1998	2017	20	24.000 €	43.269 €	5,33%	7,63%
2003	2017	15	18.000 €	32.118 €	6,95%	9,00%
2008	2017	10	12.000 €	20.740 €	9,75%	11,11%
2013	2017	5	6.000 €	8.120 €	10,26%	10,70%

* Euros constantes de diciembre de 2017

Si hubiéramos reajustado las ponderaciones para que ambas bolsas tuvieran el mismo peso en el capital al inicio de cada ejercicio, los resultados habrían sido mejores en los plazos más largos.

Hemos visto que los fondos cotizados dan rentabilidades algo superiores a las de los índices de referencia con dividendos netos, de modo que no he restado comisión alguna de la rentabilidad neta de ambas bolsas.

Bolsa española y estadounidense, con reajuste de ponderaciones						
De enero de	a diciembre de	Años	Cantidad invertida *	Capital 31-12-2017	Rentabilidad (TIR) neta	
					real	nominal
1978	2017	40	48.000 €	353.086 €	8,18%	13,77%
1983	2017	35	42.000 €	208.034 €	7,69%	11,80%
1988	2017	30	36.000 €	121.371 €	7,00%	10,28%
1993	2017	25	30.000 €	75.562 €	6,53%	9,19%
1998	2017	20	24.000 €	43.446 €	5,36%	7,66%
2003	2017	15	18.000 €	31.576 €	6,75%	8,80%
2008	2017	10	12.000 €	19.455 €	8,63%	9,98%
2013	2017	5	6.000 €	8.226 €	10,71%	11,15%

* Euros constantes de diciembre de 2017

8.6. Plan de ahorro anual en obligaciones y bolsa estadounidense

Uno de los planes de ahorro que habría generado mejores resultados se habría basado en la pauta de comprar bolsa estadounidense y obligaciones españolas en años alternos. La rentabilidad nominal en el período 1978-2017 habría sido del 12,14% anual, no muy lejos del 13,31% anual de un plan en bolsa estadounidense y española.

Bolsa de Estados Unidos y obligaciones españolas, en años alternos						
De enero de	a diciembre de	Años	Cantidad invertida *	Capital 31-12-2017	Rentabilidad (TIR) neta	
					real	nominal
1978	2017	40	48.000 €	232.276 €	6,63%	12,14%
1983	2017	35	42.000 €	144.223 €	6,08%	10,13%
1988	2017	30	36.000 €	106.312 €	6,30%	9,56%
1993	2017	25	30.000 €	62.985 €	5,31%	7,94%
1998	2017	20	24.000 €	42.224 €	5,12%	7,42%
2003	2017	15	18.000 €	31.336 €	6,66%	8,70%
2008	2017	10	12.000 €	20.553 €	9,59%	10,95%
2013	2017	5	6.000 €	7.845 €	9,08%	9,51%

* Euros constantes de diciembre de 2017

Esta combinación tiene la ventaja adicional de ser de bajo riesgo. En los cuarenta años entre 1978 tener la mitad del capital en ambos activos solo hubiera generado pérdidas en seis años. En cuatro de esos años la pérdida habría sido inferior al 4,5% y en los otros dos (2002 y 2008), del 11%.

El siguiente cuadro revela los resultados que se habrían obtenido en caso de reequilibrar cada año el capital para iniciar cada ejercicio con la misma ponderación en cada activo. Se ha restado una comisión del 0,5% anual de la rentabilidad de las obligaciones para considerar que se invirtió a través de un fondo de renta fija.

Bolsa de Estados Unidos y obligaciones españolas, con reajuste de ponderaciones						
De enero de	a diciembre de	Años	Cantidad invertida *	Capital 31-12-2017	Rentabilidad (TIR) neta	
					real	nominal
1978	2017	40	48.000 €	206.421 €	6,18%	11,67%
1983	2017	35	42.000 €	144.630 €	6,09%	10,14%
1988	2017	30	36.000 €	101.682 €	6,06%	9,32%
1993	2017	25	30.000 €	65.434 €	5,57%	8,20%
1998	2017	20	24.000 €	42.398 €	5,15%	7,45%
2003	2017	15	18.000 €	31.304 €	6,65%	8,69%
2008	2017	10	12.000 €	19.967 €	9,08%	10,44%
2013	2017	5	6.000 €	8.061 €	10,01%	10,45%

* Euros constantes de diciembre de 2017

9. La diversificación estratégica

En este capítulo veremos las posibilidades que puede dar la flexibilidad de un plan de ahorro diversificado junto con la implementación de una estrategia, con el objetivo de obtener una rentabilidad superior a la del activo más rentable presente en el capital. En el ejemplo que veremos se trata de combinar bolsa con activos monetarios para superar el resultado de un capital invertido únicamente en bolsa y el de un capital diversificado en ambos activos pero sin un criterio estratégico.

Se trata de aprovechar la capacidad de elección que tenemos cada año para decidir en qué tipo de activo invertir según una pauta o serie de pautas preestablecidas. En el ejemplo que veremos a continuación, las pautas son las siguientes:

* si la bolsa da rentabilidad positiva cinco años consecutivos, se vende todo el capital en acciones y este se pone a resguardo en activos monetarios,
* tras haber vendido las acciones, la cantidad ahorrada se invierte en activos monetarios mientras la bolsa no tenga un año negativo completo,
* si la bolsa da rentabilidad negativa en un año determinado, al final de ese año se invierte el capital disponible en bolsa.

La idea subyacente es que en los ciclos largos alcistas, la bolsa suele subir más de lo razonable porque las alzas atraen a un número creciente de inversores que no se guían por los ratios fundamentales de las acciones. Son inversores que compran porque la bolsa sube, lo que alienta la típica espiral especulativa que acaba por convertirse en un tornado tarde o temprano. La idea se basa también en que después de un año negativo se ha corregido al menos parte de los excesos de la etapa previa.

Ambos criterios distan de ser precisos, pues la bolsa puede seguir subiendo más de cinco años consecutivos y el primer año bajista puede ser solo el preludio de un largo ciclo bajista. Aun así veremos que los resultados son destacables.

Las pautas descritas habrían dado lugar a las siguientes decisiones:

* comprar bolsa al principio de 1978 (pues 1977 fue un año negativo),
* vender bolsa al final de 1987, pues de 1983 a 1987 hubo cinco años positivos consecutivos,
* comprar bolsa al principio de 1991, pues 1990 fue negativo,
* vender al final de 1997, pues de 1993 a 1997 los cinco años fueron positivos,
* comprar al principio de 2001, pues 2000 fue negativo,
* vender al final de 2007, pues de 2003 a 2007 los cinco años fueron positivos,
* comprar al principio de 2009, pues 2008 fue negativo.

Es decir, un total de siete operaciones en cuarenta años. En todas las ocasiones, el producto de la venta de las acciones se habría invertido en activos monetarios, mientras que la compra de acciones hubiera requerido la desinversión en activos monetarios.

El sentido de invertir en activos monetarios (o mantener el dinero en un depósito bancario) y no en obligaciones u otro activo es que los primeros no generan apenas minusvalías. Si se trata de un título de un emisor solvente con vencimiento a un año que se mantiene durante ese plazo, no habrá minusvalía alguna (los títulos de renta fija solo pueden producir minusvalías, o plusvalías, si se venden antes del vencimiento, suponiendo que el emisor es solvente).

Se considera que la inversión se lleva a cabo a través de un fondo indexado en bolsa y un fondo en activos monetarios. Se ha restado una comisión del 0,5% anual de la rentabilidad neta de ambos activos.

Los resultados se indican en el cuadro siguiente. Entre 1978 y 2017, los 48.000 € ahorrados e invertidos se hubieran convertido en unos 520.000 € al final del período y la rentabilidad nominal habría sido del 15,26% anual.

Estrategia en bolsa española y activos monetarios: Capital final con un ahorro de 1.200 € / año * y TIR						
De enero de	a diciembre de	Años	Cantidad invertida *	Capital 31-12-2017	Rentabilidad (TIR) neta	
					real	nominal
1978	2017	40	48.000 €	520.365 €	9,59%	15,26%
1983	2017	35	42.000 €	263.381 €	9,52%	13,70%
1988	2017	30	36.000 €	127.554 €	8,02%	11,34%
1993	2017	25	30.000 €	79.104 €	7,67%	10,35%
1998	2017	20	24.000 €	41.283 €	5,71%	8,02%
2003	2017	15	18.000 €	26.977 €	5,62%	7,64%
2008	2017	10	12.000 €	14.648 €	3,60%	4,89%
2013	2017	5	6.000 €	6.958 €	4,98%	5,40%

* Euros constantes de diciembre de 2017

El cuadro siguiente compara el capital conseguido en un plan de ahorro anual invertido siempre en bolsa, otro plan diversificado en bolsa y activos monetarios en años alternos y el plan con la pauta estratégica descrita.

De enero de	a diciembre de	Años	Capital 31-12-2017		
			Solo bolsa	Diversificación	
				Alterna	Estratégica
1978	2017	40	268.109 €	161.282 €	520.365 €
1983	2017	35	169.781 €	100.986 €	318.991 €
1988	2017	30	87.538 €	61.469 €	147.364 €
1993	2017	25	59.273 €	41.697 €	89.997 €
1998	2017	20	33.307 €	28.163 €	45.215 €
2003	2017	15	23.369 €	19.726 €	28.651 €
2008	2017	10	14.377 €	12.731 €	14.648 €
2013	2017	5	7.062 €	6.275 €	6.958 €

Esta estrategia admite diversas variaciones, como vender el 70%, el 50% o el 25% de bolsa cuando se cumpla la primera condición descrita al principio del capítulo y volver a comprar acciones cuando se cumpla la tercera. En el cuadro siguiente se indica el capital final por períodos según el porcentaje de bolsa vendido en cada ocasión.

Estrategia en bolsa española y activos monetarios: Capital final con un ahorro de 1.200 € / año *							
De enero de	a diciembre de	Años	Cantidad invertida *	Capital 31-12-2017			
				Vender 100%	Vender 70%	Vender 50%	Vender 25%
1978	2017	40	48.000 €	520.365 €	422.750 €	364.130 €	297.762 €
1983	2017	35	42.000 €	318.991 €	263.381 €	229.599 €	190.912 €
1988	2017	30	36.000 €	147.364 €	127.554 €	114.942 €	99.847 €
1993	2017	25	30.000 €	89.997 €	79.104 €	72.126 €	63.724 €
1998	2017	20	24.000 €	45.215 €	41.283 €	38.703 €	35.526 €
2003	2017	15	18.000 €	28.651 €	26.977 €	25.861 €	24.466 €
2008	2017	10	12.000 €	14.648 €	14.648 €	14.648 €	14.648 €
2013	2017	5	6.000 €	6.958 €	6.958 €	6.958 €	6.958 €

* Euros constantes de diciembre de 2017

La decisión de vender o no las acciones, y la proporción en caso de venta, dependerá del grado de sobrevaloración que haya alcanzado la bolsa. En general, se puede afirmar que cuanto más haya avanzado un índice en un período determinado en relación al incremento de los beneficios de las compañías que lo componen, mayor será el grado de sobrevaloración y mayor será la justificación para reducir la exposición a la bolsa.

10. Resumen y conclusiones

El cuadro siguiente indica el capital final que se habría obtenido con planes de ahorro en un único activo. Por ejemplo, de enero de 1978 a diciembre de 2017 (40 años), un plan de ahorro de 1.200 € al año (en euros constantes de 2017) habría generado un capital de 52.914 € en activos monetarios y de 351.364 € en bolsa estadounidense. La bolsa de Estados Unidos ha sido el activo que ha generado mayores ganancias en todos los períodos.

Capital final en 31-12-2017 de planes de ahorro, por activos y períodos								
Período	Cantidad invertida *	Activos monetarios	Obligaciones	Oro	Franco suizo	Bolsa España	Bolsa EEUU	Bolsa Alemania
1978-2017	48.000 €	52.914 €	105.599 €	84.218 €	51.496 €	268.109 €	351.364 €	174.174 €
1983-2017	42.000 €	45.612 €	84.156 €	76.127 €	45.099 €	169.781 €	216.732 €	125.910 €
1988-2017	36.000 €	37.192 €	62.435 €	69.474 €	38.742 €	87.536 €	149.322 €	90.424 €
1993-2017	30.000 €	29.540 €	45.004 €	57.463 €	31.457 €	59.273 €	87.658 €	61.080 €
1998-2017	24.000 €	23.294 €	32.018 €	43.876 €	25.193 €	33.307 €	53.659 €	40.839 €
2003-2017	18.000 €	17.665 €	23.096 €	27.959 €	19.184 €	23.369 €	41.207 €	31.922 €
2008-2017	12.000 €	11.870 €	14.977 €	13.909 €	12.526 €	14.377 €	26.164 €	18.713 €
2013-2017	6.000 €	5.930 €	6.723 €	6.269 €	5.834 €	7.062 €	9.534 €	7.734 €

* Euros constantes de diciembre de 2017

Cuando se consideran plazos largos de tiempo, la bolsa es el activo más rentable. Introducir acciones en nuestro plan de ahorro con una ponderación de al menos el 20% nos permitirá avanzar más deprisa hacia un capital objetivo determinado. Si no reequilibramos de forma periódica el peso de cada activo en el capital, la parte invertida en bolsa irá ganando terreno con el tiempo. Si hemos partido de una ponderación baja en bolsa, el peso creciente de esta tenderá a añadir puntos porcentuales a nuestras ganancias con un riesgo relativamente bajo. Si no queremos pasar nunca de un determinado nivel, por ejemplo un 30% o un 40%, podemos esperar a que se alcance dicho límite y reajustar el peso de la bolsa.

El cuadro de la página siguiente recoge los resultados de seis planes de ahorro diversificados. Los tres primeros no contienen bolsa sino obligaciones y otros dos activos, que pueden ser activos monetarios, oro o francos suizos. Los tres planes siguientes contienen un 50% de bolsa (un 25% española y otro 25% estadounidense) y el otro 50% en otros dos activos, que pueden ser obligaciones, oro o francos suizos. Se puede apreciar que los capitales obtenidos son más elevados en los planes que contienen bolsa.

		Capital final en 31-12-2017 de planes de ahorro diversificados, por períodos (I)					
Período	Cantidad invertida *	Obligaciones y			Bolsa España, Bolsa EEUU y		
		Act. monet. Oro	Fr. suizo Oro	Act. monet. Fr. suizo	Obligaciones Oro	Fr. suizo Oro	Obligaciones Fr. suizo
1978-2017	48.000 €	79.670 €	81.272 €	69.380 €	206.816 €	194.381 €	200.357 €
1983-2017	42.000 €	67.077 €	69.116 €	59.487 €	135.782 €	126.559 €	129.242 €
1988-2017	36.000 €	56.929 €	56.365 €	46.007 €	86.967 €	80.563 €	79.519 €
1993-2017	30.000 €	43.004 €	44.900 €	34.917 €	61.021 €	56.946 €	54.134 €
1998-2017	24.000 €	33.298 €	34.235 €	27.134 €	40.721 €	39.126 €	36.635 €
2003-2017	18.000 €	22.903 €	23.202 €	19.979 €	28.672 €	27.665 €	26.428 €
2008-2017	12.000 €	13.148 €	13.723 €	12.979 €	17.465 €	16.704 €	16.852 €
2013-2017	6.000 €	5.924 €	6.188 €	6.413 €	7.624 €	7.072 €	6.948 €

* Euros constantes de diciembre de 2017

Otra ventaja de invertir en acciones es que los fondos cotizados indexados de renta variable pueden dar rentabilidades superiores a las de sus índices de referencia con dividendos netos. Por ejemplo, si un índice de bolsa da un 10% anual antes de impuestos, su rentabilidad neta puede ser del 9% después de una retención fiscal del 20% sobre los dividendos. En este caso los impuestos supondrían un 10% de la rentabilidad total porque parte de esta se debe a las plusvalías, que quedan exentas bajo el paraguas de un fondo. Hemos visto que un fondo cotizado puede proporcionarnos una ganancia que esté entre la rentabilidad bruta y la neta, por ejemplo un 9,5% anual aún después de comisiones.

En cambio, si los títulos de renta fija dan un interés del 5% anual, nos quedará un 4% anual después de impuestos. Perder un 1% en relación a un 5% es significativamente más que perder un 1% respecto a un 10% y desde luego mucho más que perder un 0,5% respecto a dicho 10%.

Ahora bien, para evitar los impuestos sobre los dividendos es preciso que el fondo sea de capitalización, es decir que reinvierta los dividendos en el propio fondo en vez de repartirlos.

El siguiente cuadro ofrece el resultado de planes de ahorros en los que la bolsa hubiera supuesto entre el 50% y el 100% del capital. Desde la creación del euro, la combinación más rentable habría sido la de bolsa estadounidense y alemana.

		Capital final en 31-12-2017 de planes de ahorro diversificados, por períodos (II)					
Período	Cantidad invertida *	Bolsa España y			Bolsa EEUU y		
		Bolsa EEUU	Bolsa Alem.	Obligaciones	Act. monet.	Obligaciones	Bolsa Alem.
1978-2017	48.000 €	313.131 €	219.288 €	187.254 €	206.304 €	232.276 €	268.018 €
1983-2017	42.000 €	192.492 €	149.132 €	121.512 €	123.698 €	144.223 €	169.270 €
1988-2017	36.000 €	119.920 €	88.965 €	73.930 €	93.851 €	106.312 €	121.379 €
1993-2017	30.000 €	72.287 €	60.129 €	49.971 €	54.710 €	62.985 €	73.237 €
1998-2017	24.000 €	43.269 €	36.511 €	32.263 €	38.124 €	42.224 €	47.596 €
2003-2017	18.000 €	32.118 €	27.241 €	22.588 €	28.475 €	31.336 €	36.799 €
2008-2017	12.000 €	20.740 €	16.792 €	14.191 €	19.093 €	20.553 €	22.661 €
2013-2017	6.000 €	8.120 €	7.308 €	6.787 €	7.333 €	7.845 €	8.546 €

* Euros constantes de diciembre de 2017

Tener la totalidad del capital en acciones puede acabar siendo lo más rentable a muy largo plazo. Sin embargo, en determinados años la pérdida puede ser importante y si carecemos de otros activos no tendremos liquidez para aprovechar la oportunidad de comprar acciones a buen precio o a precio de verdadero saldo, como los que se vieron a principios de 2009. Una pauta que puede ser particularmente productiva es reducir la exposición a las acciones tras varios años de ciclo alcista, tal como vimos al hablar de la diversificación estratégica.

En el cuadro siguiente se ha resumido el resultado de los planes de ahorro que hemos visto a lo largo de esta monografía, en el período 1978-2017 (40 años). El capital final de los planes con varios activos se ha calculado de modo que estos se compran en años alternos. El número de años negativos es el número de años en los que el activo o la combinación indicada dio rentabilidad negativa. En las Tablas A.6 y A.7 del Apéndice 2 se puede consultar la rentabilidad anual de cada combinación.

Vemos que en ese período el plan de ahorro con la mejor relación rentabilidad-riesgo para un residente en España fue el que estuvo compuesto por bolsa estadounidense y obligaciones españolas. Si bien este plan de ahorro habría producido un capital final (232.286 €) bastante inferior al de otro en bolsa estadounidense y bolsa española (313.131 €), el número de años negativos habría sido de seis, frente a los nueve del segundo. Más importante aún, solo habría tenido dos años con pérdidas superiores al 10% (del 11% tanto en 2002 como en 2008), mientras que el plan en ambas bolsas hubiera tenido tres años con pérdidas superiores al 17% (17,9% en 1990, 24,9% en 2002 y 32,8% en 2008).

Planes de ahorro en 1978-2017 (40 años)							
Activo 1	Activo 2	Activo 3	Activo 4	Capital final	Años negativos	Pérdida máxima en €	
						%	Año
Bolsa EEUU				351.364 €	9	-28,8%	2002
Bolsa España	Bolsa EEUU			313.131 €	9	-32,8%	2008
Bolsa España				268.109 €	13	-37,7%	2008
Bolsa EEUU	Bolsa Alemania			268.018 €	10	-36,5%	2002
Bolsa EEUU	Obligaciones			232.276 €	6	-10,9%	2008
Bolsa España	Bolsa Alemania			219.288 €	12	-39,2%	2008
Bolsa España	Bolsa EEUU	Obligaciones	Oro	206.816 €	5	-12,4%	2008
Bolsa EEUU	Activos monetarios			206.304 €	6	-13,1%	2002
Bolsa España	Bolsa EEUU	Obligaciones	Franco suizo	200.357 €	5	-12,0%	2008
Bolsa España	Bolsa EEUU	Franco suizo	Oro	194.381 €	4	-11,1%	2008
Bolsa España	Obligaciones			187.254 €	13	-16,4%	2008
Bolsa Alemania				174.174 €	9	-40,8%	2002
Obligaciones				105.599 €	5	-5,9%	1979
Oro				84.218 €	14	-30,8%	2013
Obligaciones	Franco suizo	Oro		81.272 €	5	-6,6%	1988
Obligaciones	Activos monetarios	Oro		79.670 €	3	-5,0%	2013
Obligaciones	Activos monetarios	Franco suizo		69.380 €	2	-2,2%	2017
Activos monetarios				52.914 €	0	0,0%	
Franco suizo				51.496 €	11	-9,5%	1988

A continuación se recoge la misma información para el período 1998-2017 (20 años). Las principales diferencias que observamos respecto al período 1978-2017 son el mejor resultado de la bolsa alemana respecto a la española y, curiosamente, la mejor posición del oro a pesar de que la inflación ha sido mucho más reducida en la segunda mitad del período que en la primera. Las razones de este mejor comportamiento del oro se deben a que el metal estaba infravalorado en 1998 y a la inestabilidad financiera durante buena parte de esas dos décadas.

Planes de ahorro en 1998-2017 (20 años)							
Activo 1	Activo 2	Activo 3	Activo 4	Capital final	Años negativos	Pérdida máxima	
						%	Año
Bolsa EEUU				53.659 €	5	-28,8%	2002
Bolsa EEUU	Bolsa Alemania			47.596 €	5	-36,5%	2002
Oro				43.876 €	4	-30,8%	2013
Bolsa España	Bolsa EEUU			43.269 €	4	-32,8%	2008
Bolsa EEUU	Obligaciones			42.224 €	3	-10,9%	2008
Bolsa Alemania				40.839 €	5	-40,8%	2002
Bolsa España	Bolsa EEUU	Obligaciones	Oro	40.721 €	3	-12,4%	2008
Bolsa España	Bolsa EEUU	Franco suizo	Oro	39.126 €	2	-11,1%	2008
Bolsa EEUU	Activos monetarios			38.124 €	3	-13,1%	2002
Bolsa España	Bolsa EEUU	Obligaciones	Franco suizo	36.635 €	2	-12,0%	2008
Bolsa España	Bolsa Alemania			36.511 €	6	-39,2%	2008
Obligaciones	Franco suizo	Oro		34.235 €	3	-6,2%	2013
Bolsa España				33.307 €	7	-37,7%	2008
Obligaciones	Activos monetarios	Oro		33.298 €	1	-5,0%	2013
Bolsa España	Obligaciones			32.263 €	8	-16,4%	2008
Obligaciones				32.018 €	3	-5,1%	2010
Obligaciones	Activos monetarios	Franco suizo		27.134 €	2	-2,2%	2017
Franco suizo				25.193 €	7	-8,4%	2017
Activos monetarios				23.294 €	0	0,0%	

Hemos visto que una forma de obtener una rentabilidad adicional del capital es incrementar nuestra aportación periódica al ahorro por encima de la tasa de inflación. Esto nos permite acercarnos a nuestro capital objetivo, o reducir el tiempo necesario para lograr dicho objetivo, en caso de que no queramos asumir el riesgo que implica la bolsa. Tanto si queremos invertir en acciones como si no, también nos permite empezar ahorrando una cantidad menor a la que sería necesaria si no incrementáramos nuestras aportaciones.

El cuadro siguiente indica la rentabilidad real equivalente (rentabilidad que se obtendría sin aumentar la cantidad ahorrada en términos reales) dadas ciertas combinaciones de incremento del ahorro y rentabilidad del capital, para períodos de diez y veinte años. Por ejemplo, aumentar el ahorro un 2% anual por encima de la inflación durante diez años, y no obtener ninguna rentabilidad del capital, equivale a una rentabilidad del capital del 1,64% anual. Otro ejemplo: un aumento del ahorro del 2% anual real durante diez años, combinado con una rentabilidad del capital del 3% anual, equivale a obtener una rentabilidad del capital del 4,54% anual sin aumentar el ahorro.

Se puede comprobar que a un plazo de veinte años, el incremento del ahorro repercute en mayor medida sobre la rentabilidad para rentabilidades moderadas del capital (hasta el 3% anual) mientras que ocurre lo contrario para rentabilidades más elevadas.

Por ejemplo, si la rentabilidad que obtenemos del capital es del 2% anual y al mismo tiempo incrementamos nuestra aportación al plan de ahorro en un 2% anual por encima de la inflación, la rentabilidad real equivalente es del 3,57% anual a diez años, mientras que a veinte años es algo más alta, del 3,64% anual.

En cambio, si la rentabilidad del capital es del 5% y aumentamos el ahorro un 2% anual, la rentabilidad real equivalente es del 6,47% anual a diez años, mientras que a veinte años es algo inferior, del 6,40% anual.

Rentabilidad real anual del capital	Rentabilidad real anual equivalente, 10 años					Rentabilidad real anual equivalente, 20 años				
	Incremento real anual del ahorro					Incremento real anual del ahorro				
	1%	2%	3%	4%	5%	1%	2%	3%	4%	5%
0%	0,82%	1,64%	2,47%	3,30%	4,13%	0,91%	1,82%	2,73%	3,65%	4,58%
1%	1,80%	2,61%	3,41%	4,23%	5,04%	1,86%	2,72%	3,60%	4,47%	5,36%
2%	2,78%	3,57%	4,36%	5,16%	5,96%	2,81%	3,64%	4,47%	5,31%	6,15%
3%	3,75%	4,54%	5,31%	6,09%	6,87%	3,77%	4,55%	5,34%	6,14%	6,95%
4%	4,75%	5,50%	6,26%	7,02%	7,79%	4,73%	5,47%	6,23%	6,99%	7,77%
5%	5,74%	6,47%	7,21%	7,96%	8,71%	5,69%	6,40%	7,12%	7,85%	8,59%
6%	6,72%	7,44%	8,16%	8,90%	9,63%	6,66%	7,33%	8,01%	8,71%	9,42%
7%	7,70%	8,41%	9,12%	9,83%	10,56%	7,62%	8,26%	8,92%	9,58%	10,26%
8%	8,69%	9,38%	10,07%	10,77%	11,48%	8,59%	9,20%	9,82%	10,46%	11,11%

En octubre de 2018 las obligaciones a diez años del Tesoro de España daban un rendimiento de solo el 1,6% anual. Es previsible un aumento en el futuro. En julio de 2016 las obligaciones a 10 años de Estados Unidos daban el 1,32% y en octubre de 2018 ya ofrecían el 3,23%.

Hay que recordar que cuando los tipos de interés suben, los precios de los títulos de renta fija bajan porque el precio de estos se determina mediante el descuento de las rentas futuras al interés de mercado. En este contexto es preferible comprar títulos con vencimientos más cortos porque se puede aprovechar mejor la tendencia al alza de los tipos de interés.

Algunos expertos anuncian una próxima crisis financiera como la de 2008, entre ellos el que fuera presidente del Banco Central Europeo entre 2003 y 2011, Jean-Claude Trichet, debido al elevado endeudamiento de gobiernos y empresas. En realidad, no hace falta esperar el fin del mundo para saber que las bolsas se hundirán en algún momento del futuro, sea por la causa que sea. Si viviéramos en el mejor mundo posible, las bolsas subirían tanto que tendrían que acabar por desplomarse para corregir los excesos. Así, por bien o por mal que vayan las cosas, un desplome bursátil con cierta recurrencia es algo que debemos dar por seguro.

La cuestión es qué tenemos que hacer nosotros antes tal perspectiva. Si evitamos por completo las acciones, será difícil obtener una buena rentabilidad a largo plazo, pero si nos exponemos demasiado a la bolsa, no solo asumiremos un riesgo a corto plazo que puede ser excesivo para nosotros sino que además no tendremos liquidez para aprovechar la oportunidad de comprar después del desplome.

Un plan de ahorro diversificado es la mejor forma de reducir riesgos y aumentar oportunidades. El período que hemos considerado en este estudio no fue precisamente fácil, pues en esos cuarenta años tuvieron lugar numerosas (demasiadas) crisis económicas y financieras. Aún así, fue posible obtener una rentabilidad adecuada del capital.

Apéndice 1: Cálculo de la TIR con hoja de cálculo

Cuando alguien invierte una cantidad de una sola vez y obtiene un capital al final de cierto número de años, empleamos la siguiente fórmula:

Capital final = Capital inicial * (1 + rentabilidad en %)$^{\text{número de años}}$
(El signo * representa la multiplicación).

Expresado en notación matemática:

$$C_f = C_i * (1+r)^n$$

Cuando sabemos el capital inicial (C_i), el capital final (C_f) y el número de años (n), lo que queremos es averiguar la rentabilidad (r). Para ello reescribimos la ecuación anterior del siguiente modo:

$$r = (C_f / C_i)^{1/n} - 1$$

Por ejemplo, si hace 12 años invertí 10.000 € y hoy tengo 45.000 €, la rentabilidad media anual habrá sido de:

$$r = (45.000 / 10.000)^{1/12} - 1$$

O sea, 4,5 elevado a (1/12), que da 1,1335. Luego le restamos 1 y obtenemos 0,1335, lo que equivale a 13,35%.

Pero este cálculo no nos sirve cuando hay aportaciones regulares (o irregulares) a un plan de ahorro. Calcular la rentabilidad, que en este caso se denomina TIR (Tasa Interna de Rentabilidad) es mucho más complicado y requiere el uso de una calculadora o de una hoja de cálculo. La forma de hallar la TIR es probar con un valor inicial e ir afinando hasta que demos con el valor correcto.

A continuación explico cómo calcular la TIR con una hoja de cálculo de Google pero es igualmente válido, con ligeras variaciones, para Excel u Open Office.

Imagina que a lo largo de siete años has hecho las siguientes aportaciones a tu plan de ahorro y que hoy tienes un capital de 50.000 €.

Año	Aportación
1	2.000 €
2	3.000 €
3	8.000 €
4	6.000 €
5	2.000 €
6	9.000 €
7	8.000 €
Total	38.000 €

Considera que el ahorro de cada año se invierte al final del año. Esto quiere decir que el ahorro del primer año se invierte durante seis años, el del segundo, durante cinco años y así sucesivamente hasta el ahorro del último año, que no genera rendimientos porque no da tiempo a invertirlo.

Lo primero es entrar estos datos por columnas en la hoja de cálculo. En el ejemplo, los años se han puesto en la columna A y las aportaciones en la columna B, de modo que el año 1 se encuentra en la celda A2 y la aportación del año 1 en la celda B2.

Las aportaciones se entran en cifras normales y luego, si se desea, se puede incluir la moneda con la función Formato.

	A	B
1	Año	Aportación
2	1	2.000 €
3	2	3.000 €
4	3	8.000 €
5	4	6.000 €
6	5	2.000 €
7	6	9.000 €
8	7	8.000 €

Si el total de aportaciones ha sido de 38.000 € y el capital final es de 50.000 €, ¿cuál ha sido la rentabilidad que has obtenido?

Para saberlo, tienes que considerar cada aportación sucesiva como un capital inicial que ha sido rentabilizado durante un número decreciente de años. La primera aportación se capitaliza durante seis años y así sucesivamente.

Es decir, se tiene que cumplir lo siguiente:

$2.000 * (1+r)^6 + 3.000 * (1+r)^5 + 8.000 * (1+r)^4 + 6.000 * (1+r)^3 + 2.000 * (1+r)^2 + 9.000 * (1+r)^1 + 8.000 * (1+r)^0 = 50.000$

Cualquier cifra elevada a cero da uno, de modo que el último término de la suma siempre será la última aportación.

La "r" resultante será la TIR.

Lo que hacemos en la hoja de cálculo es simplemente tabular la ecuación antes indicada.

En la columna C ponemos la TIR. La celda C2 la dejamos vacía de momento. Es aquí donde iremos probando porcentajes hasta que demos con el valor correcto.

En las celdas C3 hasta la C8 escribimos = C2 (en la tabla he escrito "igual a C2" porque si pongo el signo =, la hoja de cálculo entra la fórmula y no se visualiza lo que hay en la celda).

	A	B	C	D
1	Año	Aportación	TIR	Valor final
2	1	2.000 €		igual a 2000*(1+TIR)^(7-1)
3	2	3.000 €	igual a C2	igual a 3000*(1+TIR)^(7-2)
4	3	8.000 €	igual a C2	igual a 8000*(1+TIR)^(7-3)
5	4	6.000 €	igual a C2	igual a 6000*(1+TIR)^(7-4)
6	5	2.000 €	igual a C2	igual a 2000*(1+TIR)^(7-5)
7	6	9.000 €	igual a C2	igual a 9000*(1+TIR)^(7-6)
8	7	8.000 €	igual a C2	igual a 8000*(1+TIR)^(7-7)
9	Capital final			igual a suma (D2 a D8)

En la columna D calcularemos el valor final de cada aportación. Por ejemplo, en la celda D2 entramos:

=B2*(1+C2)^(7-A2)

El signo ^ representa la potencia y su localización en el teclado depende del ordenador (en el mío se obtiene mediante la combinación de la tecla "alt" y la letra "i"). En la tabla he escrito "igual a" por la razón dada antes.

O sea, la aportación del año 1 (2.000 €), que se encuentra en la celda B2, multiplicada por (1+TIR) elevado a 7 menos el año que figura en la fila correspondiente, que en este caso es 1 (celda A2). La TIR está en la celda C2, que de momento dejamos vacía.

Las celdas D3 a D8 ya no necesitamos escribirlas. Solo hemos de rellenar la D2 hacia abajo, lo que copiará la fórmula que hemos escrito en la celda D2. O bien, podemos copiar la celda D2 y pegarla sobre las celdas D3 a D8.

Lo que tendremos en la celda D3 tendrá que ser lo siguiente:

=B3*(1+C3)^(7-A3)

C3 es también la TIR, pues antes hemos pedido a la hoja de cálculo que el valor de la celda C3 sea el mismo que el valor que entremos en la celda C2.
Seguidamente, en la fila 9, correspondiente al Capital final, y en la columna del Valor final, o sea en la celda D9, calculamos la suma de todos los valores finales de las aportaciones. Según el idioma de nuestra hoja de cálculo, escribimos:

=SUM(D2:D8) o bien = SUMA(D2:D8)

Ha llegado el momento de ir probando valores de la TIR en la celda C2. Se trata de hallar el valor que haga que la suma de los valores finales de las aportaciones sea igual a 50.000 €, que es el capital final de que dispones.
Empiezo probando con una TIR del 10%, con tres decimales para hallar el valor más preciso posible. Vemos que la suma del capital final da 48.393 €. Al estar por debajo de 50.000 €, tengo que probar con porcentajes más altos.

	A	B	C	D
1	Año	Aportación	TIR	Valor final
2	1	2.000 €	**10,000%**	3.543 €
3	2	3.000 €	10,000%	4.832 €
4	3	8.000 €	10,000%	11.713 €
5	4	6.000 €	10,000%	7.986 €
6	5	2.000 €	10,000%	2.420 €
7	6	9.000 €	10,000%	9.900 €
8	7	8.000 €	10,000%	8.000 €
9	**Capital final**			**48.393 €**

Pruebo con una TIR del 12% y entonces me sale un capital final de 50.841 €, que está por encima de la cifra efectiva. Entonces sé que la TIR tiene que estar entre el 10% y el 12% anual.

	A	B	C	D
1	Año	Aportación	TIR	Valor final
2	1	2.000 €	**12,000%**	3.948 €
3	2	3.000 €	12,000%	5.287 €
4	3	8.000 €	12,000%	12.588 €
5	4	6.000 €	12,000%	8.430 €
6	5	2.000 €	12,000%	2.509 €
7	6	9.000 €	12,000%	10.080 €
8	7	8.000 €	12,000%	8.000 €
9	**Capital final**			50.841 €

Voy probando con diferentes porcentajes dentro de ese rango hasta que finalmente encuentro el valor correcto: 11,325%.

	A	B	C	D
1	Año	Aportación	TIR	Valor final
2	1	2.000 €	**11,325%**	3.807 €
3	2	3.000 €	11,325%	5.130 €
4	3	8.000 €	11,325%	12.287 €
5	4	6.000 €	11,325%	8.278 €
6	5	2.000 €	11,325%	2.479 €
7	6	9.000 €	11,325%	10.019 €
8	7	8.000 €	11,325%	8.000 €
9	**Capital final**			50.000 €

Es decir, la suma de todas las aportaciones capitalizadas al 11,325% anual da una suma de 50.000 €, que es capital de que dispones al final del período considerado. Este procedimiento es igualmente válido si en un año determinado no has hecho aportación alguna. En tal caso escribirías un cero para ese año o dejarías la celda correspondiente vacía.

Apéndice 2: Tablas completas

A.1. Capital obtenido con un ahorro de 1.200 € / año según el número de años y la rentabilidad anual.

A.2. Cantidad anual a ahorrar para obtener un capital de 25.000 € según el número de años y la rentabilidad anual.

A.3. Años necesarios para obtener un capital de 25.000 € según el nivel de ahorro y la rentabilidad anual.

A.4. Años necesarios para obtener un capital de 100.000 € según el nivel de ahorro y la rentabilidad anual.

A.5. Rentabilidad anual de diversos activos.

A.6. Rentabilidad anual de diversas combinaciones de dos activos.

A.7. Rentabilidad anual de combinaciones de tres y cuatro activos.

Tabla A.1. Capital obtenido con un ahorro de 1.200 € / año según el número de años y la rentabilidad anual.

Años	Rentabilidad anual												
	0%	1%	2%	3%	4%	5%	6%	7%	8%	9%	10%	11%	12%
1	1.200	1.200	1.200	1.200	1.200	1.200	1.200	1.200	1.200	1.200	1.200	1.200	1.200
2	2.400	2.412	2.424	2.436	2.448	2.460	2.472	2.484	2.496	2.508	2.520	2.532	2.544
3	3.600	3.636	3.672	3.709	3.746	3.783	3.820	3.858	3.896	3.934	3.972	4.011	4.049
4	4.800	4.872	4.946	5.020	5.096	5.172	5.250	5.328	5.407	5.488	5.569	5.652	5.735
5	6.000	6.121	6.245	6.371	6.500	6.631	6.765	6.901	7.040	7.182	7.326	7.473	7.623
6	7.200	7.382	7.570	7.762	7.960	8.162	8.370	8.584	8.803	9.028	9.259	9.495	9.738
7	8.400	8.656	8.921	9.195	9.478	9.770	10.073	10.385	10.707	11.041	11.385	11.740	12.107
8	9.600	9.943	10.300	10.671	11.057	11.459	11.877	12.312	12.764	13.234	13.723	14.231	14.760
9	10.800	11.242	11.706	12.191	12.699	13.232	13.790	14.374	14.985	15.625	16.295	16.997	17.731
10	12.000	12.555	13.140	13.757	14.407	15.093	15.817	16.580	17.384	18.232	19.125	20.066	21.058
11	13.200	13.880	14.602	15.369	16.184	17.048	17.966	18.940	19.975	21.072	22.237	23.474	24.785
12	14.400	15.219	16.095	17.030	18.031	19.101	20.244	21.466	22.773	24.169	25.661	27.256	28.960
13	15.600	16.571	17.616	18.741	19.952	21.256	22.659	24.169	25.794	27.544	29.427	31.454	33.635
14	16.800	17.937	19.169	20.504	21.950	23.518	25.218	27.061	29.058	31.223	33.570	36.114	38.871
15	18.000	19.316	20.752	22.319	24.028	25.894	27.931	30.155	32.583	35.233	38.127	41.286	44.736
16	19.200	20.709	22.367	24.188	26.189	28.389	30.807	33.466	36.389	39.604	43.140	47.028	51.304
17	20.400	22.117	24.014	26.114	28.437	31.008	33.855	37.008	40.500	44.368	48.654	53.401	58.660
18	21.600	23.538	25.695	28.097	30.774	33.759	37.087	40.799	44.940	49.562	54.719	60.475	66.900
19	22.800	24.973	27.409	30.140	33.205	36.647	40.512	44.855	49.736	55.222	61.391	68.327	76.128
20	24.000	26.423	29.157	32.244	35.734	39.679	44.143	49.195	54.914	61.392	68.730	77.043	86.463
21	25.200	27.887	30.940	34.412	38.363	42.863	47.991	53.838	60.508	68.117	76.803	86.718	98.038
22	26.400	29.366	32.759	36.644	41.098	46.206	52.071	58.807	66.548	75.448	85.683	97.457	111.003
23	27.600	30.860	34.614	38.943	43.941	49.717	56.395	64.123	73.072	83.438	95.452	109.377	125.523
24	28.800	32.368	36.506	41.312	46.899	53.402	60.979	69.812	80.118	92.148	106.197	122.609	141.786
25	30.000	33.892	38.436	43.751	49.975	57.273	65.837	75.899	87.727	101.641	118.016	137.296	160.001
26	31.200	35.431	40.405	46.264	53.174	61.336	70.988	82.412	95.945	111.989	131.018	153.599	180.401
27	32.400	36.985	42.413	48.852	56.501	65.603	76.447	89.381	104.821	123.268	145.320	171.694	203.249
28	33.600	38.555	44.461	51.517	59.961	70.083	82.234	96.837	114.407	135.562	161.052	191.781	228.839
29	34.800	40.140	46.551	54.263	63.560	74.787	88.368	104.816	124.759	148.962	178.357	214.077	257.499
30	36.000	41.742	48.682	57.090	67.302	79.727	94.870	113.353	135.940	163.569	197.393	238.825	289.599
31	37.200	43.359	50.855	60.003	71.194	84.913	101.762	122.488	148.015	179.490	218.332	266.296	325.551
32	38.400	44.993	53.072	63.003	75.242	90.359	109.068	132.262	161.056	196.844	241.365	296.788	365.817
33	39.600	46.643	55.334	66.093	79.451	96.077	116.812	142.720	175.141	215.760	266.702	330.635	410.915
34	40.800	48.309	57.641	69.276	83.829	102.080	125.021	153.911	190.352	236.379	294.572	368.205	461.425
35	42.000	49.992	59.993	72.554	88.383	108.384	133.722	165.884	206.780	258.853	325.229	409.907	517.996
36	43.200	51.692	62.393	75.931	93.118	115.004	142.945	178.696	224.523	283.350	358.952	456.197	581.356
37	44.400	53.409	64.841	79.409	98.043	121.954	152.722	192.405	243.684	310.051	396.047	507.579	652.318
38	45.600	55.143	67.338	82.991	103.164	129.251	163.085	207.073	264.379	339.156	436.852	564.613	731.797
39	46.800	56.895	69.885	86.681	108.491	136.914	174.070	222.768	286.729	370.880	481.737	627.920	820.812
40	48.000	58.664	72.482	90.482	114.031	144.960	185.714	239.562	310.868	405.459	531.111	698.191	920.510
41	49.200	60.450	75.132	94.396	119.792	153.408	198.057	257.531	336.937	443.150	585.422	776.192	1.032.171
42	50.400	62.255	77.835	98.428	125.784	162.278	211.141	276.759	365.092	484.234	645.164	862.773	1.157.231
43	51.600	64.077	80.591	102.581	132.015	171.592	225.009	297.332	395.500	529.015	710.881	958.879	1.297.299
44	52.800	65.918	83.403	106.858	138.495	181.372	239.710	319.345	428.340	577.826	783.169	1.065.555	1.454.175
45	54.000	67.777	86.271	111.264	145.235	191.640	255.292	342.899	463.807	631.030	862.686	1.183.966	1.629.876
46	55.200	69.655	89.197	115.802	152.245	202.422	271.810	368.102	502.111	689.023	950.154	1.315.403	1.826.661
47	56.400	71.552	92.181	120.476	159.534	213.743	289.318	395.069	543.480	752.235	1.046.370	1.461.297	2.047.061
48	57.600	73.467	95.224	125.290	167.116	225.630	307.877	423.924	588.159	821.136	1.152.207	1.623.239	2.293.908
49	58.800	75.402	98.329	130.249	175.000	238.112	327.550	454.799	636.411	896.239	1.268.627	1.802.996	2.570.377
50	60.000	77.356	101.495	135.356	183.201	251.218	348.403	487.835	688.524	978.100	1.396.690	2.002.525	2.880.022
51	61.200	79.329	104.725	140.617	191.729	264.978	370.507	523.183	744.806	1.067.329	1.537.559	2.224.003	3.226.825
52	62.400	81.323	108.020	146.035	200.598	279.427	393.938	561.006	805.591	1.164.589	1.692.515	2.469.844	3.615.243

Se considera que se empieza a generar rendimientos a partir del segundo año. Para cualquier otra cantidad anual, aplicar la proporción correspondiente. Por ejemplo, si se prevé ahorrar 1.500 € al año, la proporción respecto a 1.200 es 1.500 / 1.200 = 1,25. Según la tabla, si se ahorran 1.200 € anuales durante diez años a una rentabilidad del 5% anual, se obtendrá un capital de 15.093 €. Si el ahorro es de 1.500 €, el capital obtenido para el mismo número de años y la misma rentabilidad será de 15.093 x 1,25 = 18.866 €.

Tabla A.2. Cantidad anual a ahorrar para obtener un capital de 25.000 € según el número de años y la rentabilidad anual.

Años	Rentabilidad anual												
	0%	1%	2%	3%	4%	5%	6%	7%	8%	9%	10%	11%	12%
1	25.000	25.000	25.000	25.000	25.000	25.000	25.000	25.000	25.000	25.000	25.000	25.000	25.000
2	12.500	12.438	12.376	12.315	12.255	12.195	12.136	12.077	12.019	11.962	11.905	11.848	11.792
3	8.333	8.251	8.169	8.088	8.009	7.930	7.853	7.776	7.701	7.626	7.553	7.480	7.409
4	6.250	6.157	6.066	5.976	5.887	5.800	5.715	5.631	5.548	5.467	5.387	5.308	5.231
5	5.000	4.901	4.804	4.709	4.616	4.524	4.435	4.347	4.261	4.177	4.095	4.014	3.935
6	4.167	4.064	3.963	3.865	3.769	3.675	3.584	3.495	3.408	3.323	3.240	3.159	3.081
7	3.571	3.466	3.363	3.263	3.165	3.070	2.978	2.889	2.802	2.717	2.635	2.555	2.478
8	3.125	3.017	2.913	2.811	2.713	2.618	2.526	2.437	2.350	2.267	2.186	2.108	2.033
9	2.778	2.669	2.563	2.461	2.362	2.267	2.176	2.087	2.002	1.920	1.841	1.765	1.692
10	2.500	2.390	2.283	2.181	2.082	1.988	1.897	1.809	1.726	1.646	1.569	1.495	1.425
11	2.273	2.161	2.054	1.952	1.854	1.760	1.670	1.584	1.502	1.424	1.349	1.278	1.210
12	2.083	1.971	1.864	1.762	1.664	1.571	1.482	1.398	1.317	1.241	1.169	1.101	1.036
13	1.923	1.810	1.703	1.601	1.504	1.411	1.324	1.241	1.163	1.089	1.019	954	892
14	1.786	1.673	1.565	1.463	1.367	1.276	1.190	1.109	1.032	961	894	831	772
15	1.667	1.553	1.446	1.344	1.249	1.159	1.074	995	921	851	787	727	671
16	1.563	1.449	1.341	1.240	1.145	1.057	974	896	824	757	695	638	585
17	1.471	1.356	1.249	1.149	1.055	967	886	811	741	676	617	562	511
18	1.389	1.275	1.168	1.068	975	889	809	735	668	605	548	496	448
19	1.316	1.201	1.095	995	903	819	741	669	603	543	489	439	394
20	1.250	1.135	1.029	930	840	756	680	610	546	489	436	389	347
21	1.190	1.076	970	872	782	700	625	557	496	440	391	346	306
22	1.136	1.022	916	819	730	649	576	510	451	398	350	308	270
23	1.087	972	867	770	683	603	532	468	411	360	314	274	239
24	1.042	927	822	726	640	562	492	430	374	326	282	245	212
25	1.000	885	781	686	600	524	456	395	342	295	254	219	187
26	962	847	742	648	564	489	423	364	313	268	229	195	166
27	926	811	707	614	531	457	392	336	286	243	206	175	148
28	893	778	675	582	500	428	365	310	262	221	186	156	131
29	862	747	644	553	472	401	339	286	240	201	168	140	117
30	833	719	616	525	446	376	316	265	221	183	152	126	104
31	806	692	590	500	421	353	295	245	203	167	137	113	92
32	781	667	565	476	399	332	275	227	186	152	124	101	82
33	758	643	542	454	378	312	257	210	171	139	112	91	73
34	735	621	520	433	358	294	240	195	158	127	102	81	65
35	714	600	500	413	339	277	224	181	145	116	92	73	58
36	694	580	481	395	322	261	210	168	134	106	84	66	52
37	676	562	463	378	306	246	196	156	123	97	76	59	46
38	658	544	446	361	291	232	184	145	113	88	69	53	41
39	641	527	429	346	277	219	172	135	105	81	62	48	37
40	625	511	414	332	263	207	162	125	97	74	56	43	33
41	610	496	399	318	250	196	151	116	89	68	51	39	29
42	595	482	385	305	239	185	142	108	82	62	46	35	26
43	581	468	372	292	227	175	133	101	76	57	42	31	23
44	568	455	360	281	217	165	125	94	70	52	38	28	21
45	556	443	348	270	207	157	118	87	65	48	35	25	18
46	543	431	336	259	197	148	110	81	60	44	32	23	16
47	532	419	325	249	188	140	104	76	55	40	29	21	15
48	521	408	315	239	180	133	97	71	51	37	26	18	13
49	510	398	305	230	171	126	92	66	47	33	24	17	12
50	500	388	296	222	164	119	86	61	44	31	21	15	10
51	490	378	286	213	156	113	81	57	40	28	20	13	9
52	481	369	278	205	150	107	76	53	37	26	18	12	8

Se considera que se empieza a generar rendimientos a partir del segundo año. Para cualquier otro capital objetivo, aplicar la proporción correspondiente. Por ejemplo, si se aspira a un capital de 100.000 €, la proporción respecto a 25.000 € es de 4 a 1. Según la tabla, si el capital objetivo es de 25.000 €, se prevé ahorrar durante 20 años y la rentabilidad esperada es del 5% anual, la cantidad a ahorrar es de 756 € anuales (a actualizar cada año en función de la inflación). Para un capital objetivo de 100.000 €, la cantidad a ahorrar tendría que ser de 4 x 756 € / año = 3.024 € / año.

Tabla A.3. Años necesarios para obtener un capital de 25.000 € según el nivel de ahorro y la rentabilidad anual.

Ahorro anual	Rentabilidad anual												
	0%	1%	2%	3%	4%	5%	6%	7%	8%	9%	10%	11%	12%
500	50,0	40,7	35,0	31,0	28,0	25,7	23,8	22,2	20,9	19,8	18,8	17,9	17,2
600	41,7	35,0	30,6	27,4	25,0	23,1	21,5	20,2	19,1	18,1	17,2	16,5	15,8
700	35,7	30,7	27,2	24,6	22,6	21,0	19,7	18,5	17,5	16,7	15,9	15,3	14,7
800	31,3	27,3	24,5	22,4	20,7	19,3	18,1	17,1	16,3	15,5	14,9	14,3	13,7
900	27,8	24,6	22,3	20,5	19,1	17,8	16,8	16,0	15,2	14,5	13,9	13,4	12,9
1.000	25,0	22,4	20,5	18,9	17,7	16,6	15,7	15,0	14,3	13,7	13,1	12,7	12,2
1.100	22,7	20,6	18,9	17,6	16,5	15,6	14,8	14,1	13,5	12,9	12,4	12,0	11,6
1.200	20,8	19,0	17,6	16,4	15,5	14,6	13,9	13,3	12,7	12,3	11,8	11,4	11,1
1.300	19,2	17,7	16,4	15,4	14,5	13,8	13,2	12,6	12,1	11,7	11,3	10,9	10,6
1.400	17,9	16,5	15,4	14,5	13,7	13,1	12,5	12,0	11,5	11,1	10,7	10,4	10,1
1.500	16,7	15,5	14,5	13,7	13,0	12,4	11,9	11,4	11,0	10,6	10,3	10,0	9,7
1.600	15,6	14,6	13,7	13,0	12,4	11,8	11,4	10,9	10,5	10,2	9,9	9,6	9,3
1.700	14,7	13,8	13,0	12,4	11,8	11,3	10,9	10,5	10,1	9,8	9,5	9,2	9,0
1.800	13,9	13,1	12,4	11,8	11,3	10,8	10,4	10,0	9,7	9,4	9,1	8,9	8,7
1.900	13,2	12,4	11,8	11,3	10,8	10,4	10,0	9,6	9,3	9,1	8,8	8,6	8,4
2.000	12,5	11,8	11,3	10,8	10,3	10,0	9,6	9,3	9,0	8,7	8,5	8,3	8,1
2.100	11,9	11,3	10,8	10,3	9,9	9,6	9,3	9,0	8,7	8,5	8,2	8,0	7,8
2.200	11,4	10,8	10,3	9,9	9,6	9,2	8,9	8,7	8,4	8,2	8,0	7,8	7,6
2.300	10,9	10,4	9,9	9,5	9,2	8,9	8,6	8,4	8,1	7,9	7,7	7,5	7,4
2.400	10,4	10,0	9,6	9,2	8,9	8,6	8,3	8,1	7,9	7,7	7,5	7,3	7,2
2.500	10,0	9,6	9,2	8,9	8,6	8,3	8,1	7,8	7,6	7,4	7,3	7,1	7,0
2.600	9,6	9,2	8,9	8,6	8,3	8,0	7,8	7,6	7,4	7,2	7,1	6,9	6,8
2.700	9,3	8,9	8,6	8,3	8,0	7,8	7,6	7,4	7,2	7,0	6,9	6,7	6,6
2.800	8,9	8,6	8,3	8,0	7,8	7,6	7,4	7,2	7,0	6,8	6,7	6,6	6,4
2.900	8,6	8,3	8,0	7,8	7,6	7,3	7,2	7,0	6,8	6,7	6,5	6,4	6,3
3.000	8,3	8,0	7,8	7,5	7,3	7,1	7,0	6,8	6,6	6,5	6,4	6,2	6,1
3.100	8,1	7,8	7,6	7,3	7,1	6,9	6,8	6,6	6,5	6,3	6,2	6,1	6,0
3.200	7,8	7,6	7,3	7,1	6,9	6,8	6,6	6,4	6,3	6,2	6,1	5,9	5,8
3.300	7,6	7,3	7,1	6,9	6,7	6,6	6,4	6,3	6,2	6,0	5,9	5,8	5,7
3.400	7,4	7,1	6,9	6,7	6,6	6,4	6,3	6,1	6,0	5,9	5,8	5,7	5,6
3.500	7,1	6,9	6,7	6,6	6,4	6,3	6,1	6,0	5,9	5,8	5,7	5,6	5,5
3.600	6,9	6,7	6,6	6,4	6,2	6,1	6,0	5,9	5,7	5,6	5,5	5,4	5,3
3.700	6,8	6,6	6,4	6,2	6,1	6,0	5,8	5,7	5,6	5,5	5,4	5,3	5,2
3.800	6,6	6,4	6,2	6,1	6,0	5,8	5,7	5,6	5,5	5,4	5,3	5,2	5,1
3.900	6,4	6,2	6,1	6,0	5,8	5,7	5,6	5,5	5,4	5,3	5,2	5,1	5,0
4.000	6,3	6,1	5,9	5,8	5,7	5,6	5,5	5,4	5,3	5,2	5,1	5,0	4,9
4.100	6,1	5,9	5,8	5,7	5,6	5,5	5,4	5,3	5,2	5,1	5,0	4,9	4,8
4.200	6,0	5,8	5,7	5,6	5,4	5,3	5,2	5,1	5,1	5,0	4,9	4,8	4,8
4.300	5,8	5,7	5,6	5,4	5,3	5,2	5,1	5,0	5,0	4,9	4,8	4,7	4,7
4.400	5,7	5,6	5,4	5,3	5,2	5,1	5,0	4,9	4,9	4,8	4,7	4,7	4,6
4.500	5,6	5,4	5,3	5,2	5,1	5,0	4,9	4,9	4,8	4,7	4,6	4,6	4,5
4.600	5,4	5,3	5,2	5,1	5,0	4,9	4,8	4,8	4,7	4,6	4,6	4,5	4,4
4.700	5,3	5,2	5,1	5,0	4,9	4,8	4,8	4,7	4,6	4,5	4,5	4,4	4,4
4.800	5,2	5,1	5,0	4,9	4,8	4,7	4,7	4,6	4,5	4,5	4,4	4,3	4,3
4.900	5,1	5,0	4,9	4,8	4,7	4,7	4,6	4,5	4,4	4,4	4,3	4,3	4,2
5.000	5,0	4,9	4,8	4,7	4,6	4,6	4,5	4,4	4,4	4,3	4,3	4,2	4,1
5.100	4,9	4,8	4,7	4,6	4,6	4,5	4,4	4,4	4,3	4,2	4,2	4,1	4,1
5.200	4,8	4,7	4,6	4,6	4,5	4,4	4,3	4,3	4,2	4,2	4,1	4,1	4,0
5.300	4,7	4,6	4,6	4,5	4,4	4,3	4,3	4,2	4,2	4,1	4,1	4,0	4,0
5.400	4,6	4,5	4,5	4,4	4,3	4,3	4,2	4,1	4,1	4,0	4,0	3,9	3,9
5.500	4,5	4,5	4,4	4,3	4,3	4,2	4,1	4,1	4,0	4,0	3,9	3,9	3,8
5.600	4,5	4,4	4,3	4,3	4,2	4,1	4,1	4,0	4,0	3,9	3,9	3,8	3,8

Se considera que se empieza a generar rendimientos a partir del segundo año. En esta tabla no se pueden aplicar criterios de proporcionalidad. Por ejemplo, para obtener un capital de 25.000 € con un ahorro de 2.000 € al año y una rentabilidad del capital del 5% anual hacen falta 10 años. Pero para obtener un capital cuatro veces superior (100.000 €) no hacen falta 40 años sino 25,7 (como puede comprobarse en la Tabla A.4).

Tabla A.4. Años necesarios para obtener un capital de 100.000 € según el nivel de ahorro y la rentabilidad anual.

Ahorro anual	Rentabilidad anual												
	0%	1%	2%	3%	4%	5%	6%	7%	8%	9%	10%	11%	12%
2.000	50,0	40,7	35,0	31,0	28,0	25,7	23,8	22,2	20,9	19,8	18,8	17,9	17,2
2.100	47,6	39,1	33,8	30,0	27,2	25,0	23,2	21,7	20,4	19,3	18,4	17,5	16,8
2.200	45,5	37,7	32,7	29,1	26,4	24,3	22,6	21,1	19,9	18,9	18,0	17,2	16,5
2.300	43,5	36,3	31,6	28,2	25,7	23,7	22,0	20,6	19,5	18,5	17,6	16,8	16,1
2.400	41,7	35,0	30,6	27,4	25,0	23,1	21,5	20,2	19,1	18,1	17,2	16,5	15,8
2.500	40,0	33,8	29,7	26,7	24,4	22,5	21,0	19,7	18,6	17,7	16,9	16,2	15,5
2.600	38,5	32,7	28,8	26,0	23,8	22,0	20,5	19,3	18,3	17,4	16,6	15,9	15,2
2.700	37,0	31,7	28,0	25,3	23,2	21,5	20,1	18,9	17,9	17,0	16,2	15,6	15,0
2.800	35,7	30,7	27,2	24,6	22,6	21,0	19,7	18,5	17,5	16,7	15,9	15,3	14,7
2.900	34,5	29,8	26,5	24,0	22,1	20,5	19,2	18,1	17,2	16,4	15,7	15,0	14,4
3.000	33,3	28,9	25,8	23,4	21,6	20,1	18,9	17,8	16,9	16,1	15,4	14,8	14,2
3.100	32,3	28,1	25,1	22,9	21,1	19,7	18,5	17,5	16,6	15,8	15,1	14,5	14,0
3.200	31,3	27,3	24,5	22,4	20,7	19,3	18,1	17,1	16,3	15,5	14,9	14,3	13,7
3.300	30,3	26,6	23,9	21,9	20,2	18,9	17,8	16,8	16,0	15,3	14,6	14,1	13,5
3.400	29,4	25,9	23,4	21,4	19,8	18,5	17,5	16,5	15,7	15,0	14,4	13,8	13,3
3.500	28,6	25,3	22,8	20,9	19,4	18,2	17,1	16,2	15,5	14,8	14,2	13,6	13,1
3.600	27,8	24,6	22,3	20,5	19,1	17,8	16,8	16,0	15,2	14,5	13,9	13,4	12,9
3.700	27,0	24,0	21,8	20,1	18,7	17,5	16,5	15,7	15,0	14,3	13,7	13,2	12,8
3.800	26,3	23,5	21,4	19,7	18,3	17,2	16,3	15,4	14,7	14,1	13,5	13,0	12,6
3.900	25,6	22,9	20,9	19,3	18,0	16,9	16,0	15,2	14,5	13,9	13,3	12,8	12,4
4.000	25,0	22,4	20,5	18,9	17,7	16,6	15,7	15,0	14,3	13,7	13,1	12,7	12,2
4.100	24,4	21,9	20,1	18,6	17,4	16,3	15,5	14,7	14,1	13,5	13,0	12,5	12,1
4.200	23,8	21,5	19,7	18,2	17,1	16,1	15,2	14,5	13,9	13,3	12,8	12,3	11,9
4.300	23,3	21,0	19,3	17,9	16,8	15,8	15,0	14,3	13,7	13,1	12,6	12,2	11,8
4.400	22,7	20,6	18,9	17,6	16,5	15,6	14,8	14,1	13,5	12,9	12,4	12,0	11,6
4.500	22,2	20,2	18,6	17,3	16,2	15,3	14,5	13,9	13,3	12,7	12,3	11,9	11,5
4.600	21,7	19,8	18,2	17,0	16,0	15,1	14,3	13,7	13,1	12,6	12,1	11,7	11,3
4.700	21,3	19,4	17,9	16,7	15,7	14,9	14,1	13,5	12,9	12,4	12,0	11,6	11,2
4.800	20,8	19,0	17,6	16,4	15,5	14,6	13,9	13,3	12,7	12,3	11,8	11,4	11,1
4.900	20,4	18,7	17,3	16,2	15,2	14,4	13,7	13,1	12,6	12,1	11,7	11,3	10,9
5.000	20,0	18,3	17,0	15,9	15,0	14,2	13,5	12,9	12,4	11,9	11,5	11,1	10,8
5.100	19,6	18,0	16,7	15,7	14,8	14,0	13,3	12,8	12,3	11,8	11,4	11,0	10,7
5.200	19,2	17,7	16,4	15,4	14,5	13,8	13,2	12,6	12,1	11,7	11,3	10,9	10,6
5.300	18,9	17,4	16,2	15,2	14,3	13,6	13,0	12,4	12,0	11,5	11,1	10,8	10,4
5.400	18,5	17,1	15,9	14,9	14,1	13,4	12,8	12,3	11,8	11,4	11,0	10,6	10,3
5.500	18,2	16,8	15,7	14,7	13,9	13,3	12,7	12,1	11,7	11,2	10,9	10,5	10,2
5.600	17,9	16,5	15,4	14,5	13,7	13,1	12,5	12,0	11,5	11,1	10,7	10,4	10,1
5.700	17,5	16,2	15,2	14,3	13,6	12,9	12,3	11,8	11,4	11,0	10,6	10,3	10,0
5.800	17,2	16,0	15,0	14,1	13,4	12,7	12,2	11,7	11,3	10,9	10,5	10,2	9,9
5.900	16,9	15,7	14,7	13,9	13,2	12,6	12,0	11,6	11,1	10,7	10,4	10,1	9,8
6.000	16,7	15,5	14,5	13,7	13,0	12,4	11,9	11,4	11,0	10,6	10,3	10,0	9,7
6.100	16,4	15,3	14,3	13,5	12,9	12,3	11,8	11,3	10,9	10,5	10,2	9,9	9,6
6.200	16,1	15,0	14,1	13,4	12,7	12,1	11,6	11,2	10,8	10,4	10,1	9,8	9,5
6.300	15,9	14,8	13,9	13,2	12,5	12,0	11,5	11,0	10,7	10,3	10,0	9,7	9,4
6.400	15,6	14,6	13,7	13,0	12,4	11,8	11,4	10,9	10,5	10,2	9,9	9,6	9,3
6.500	15,4	14,4	13,5	12,8	12,2	11,7	11,2	10,8	10,4	10,1	9,8	9,5	9,2
6.600	15,2	14,2	13,4	12,7	12,1	11,6	11,1	10,7	10,3	10,0	9,7	9,4	9,1
6.700	14,9	14,0	13,2	12,5	11,9	11,4	11,0	10,6	10,2	9,9	9,6	9,3	9,1
6.800	14,7	13,8	13,0	12,4	11,8	11,3	10,9	10,5	10,1	9,8	9,5	9,2	9,0
6.900	14,5	13,6	12,9	12,2	11,7	11,2	10,7	10,4	10,0	9,7	9,4	9,1	8,9
7.000	14,3	13,4	12,7	12,1	11,5	11,0	10,6	10,2	9,9	9,6	9,3	9,1	8,8
7.100	14,1	13,2	12,5	11,9	11,4	10,9	10,5	10,1	9,8	9,5	9,2	9,0	8,7

Ver la nota indicada en la Tabla A.3.

Tabla A.5. Rentabilidad anual de diversos activos.

Año	Activos monetarios	Depósitos dólares	Depósitos fr. suizos	Obligaciones 10 años	Bonos 5 años	Bolsa España	Bolsa EEUU	Bolsa Alemania	Oro
1978	7,8%	-9,0%	7,8%	16,7%	10,5%	-5,2%	-12,0%	3,9%	11,9%
1979	8,9%	0,4%	-1,7%	-5,9%	2,3%	-10,3%	3,2%	-14,9%	108,3%
1980	9,3%	26,6%	10,6%	13,3%	11,3%	15,0%	43,9%	1,2%	55,3%
1981	9,6%	31,4%	25,9%	12,0%	13,9%	33,6%	17,3%	7,4%	-17,3%
1982	10,0%	35,2%	19,6%	9,5%	11,7%	-11,7%	60,5%	36,5%	44,0%
1983	10,2%	29,9%	16,7%	14,9%	11,1%	28,9%	55,4%	51,1%	6,1%
1984	10,3%	16,6%	-3,9%	26,0%	16,0%	50,9%	10,8%	0,9%	-10,3%
1985	9,2%	-5,5%	13,5%	19,5%	20,7%	41,6%	17,2%	88,3%	-5,6%
1986	7,8%	-9,4%	12,5%	3,0%	18,6%	114,4%	8,2%	13,8%	2,6%
1987	6,9%	-13,9%	6,9%	14,9%	-3,6%	11,8%	-13,3%	-29,8%	2,5%
1988	9,4%	8,9%	-9,5%	1,9%	13,1%	23,9%	19,9%	22,2%	-12,2%
1989	10,4%	2,5%	-1,8%	15,6%	4,6%	10,6%	26,4%	36,3%	-5,5%
1990	10,5%	-6,7%	10,7%	5,9%	7,5%	-23,0%	-12,8%	-21,9%	-14,9%
1991	11,6%	4,3%	0,1%	20,1%	18,4%	14,0%	23,0%	10,4%	-8,7%
1992	9,6%	21,1%	14,9%	4,3%	5,8%	-8,6%	26,5%	8,4%	11,7%
1993	11,0%	27,0%	25,0%	29,5%	23,2%	55,0%	44,6%	69,2%	46,5%
1994	6,2%	-5,5%	7,0%	-4,7%	-0,5%	-9,7%	-3,7%	-4,3%	-9,8%
1995	7,6%	-3,1%	6,7%	13,1%	10,9%	15,0%	25,2%	6,5%	-6,9%
1996	7,0%	10,3%	-5,3%	25,5%	18,0%	42,1%	37,1%	27,1%	2,1%
1997	4,6%	20,9%	7,2%	11,8%	7,8%	44,7%	46,0%	46,5%	-8,7%
1998	3,5%	-3,5%	0,9%	13,2%	8,5%	39,0%	9,4%	18,8%	-6,5%
1999	2,3%	20,4%	0,5%	-2,5%	0,0%	19,0%	48,7%	38,9%	18,0%
2000	3,1%	11,9%	7,6%	5,1%	3,8%	-10,9%	2,6%	-7,7%	1,4%
2001	3,7%	8,8%	4,3%	5,4%	6,5%	-4,2%	-0,5%	-20,0%	7,1%
2002	2,5%	-14,5%	2,8%	7,0%	4,1%	-21,0%	-28,8%	-44,1%	4,2%
2003	2,3%	-16,1%	-6,8%	4,3%	4,0%	31,9%	5,7%	36,3%	1,1%
2004	1,9%	-6,4%	1,6%	8,6%	4,8%	22,2%	-2,7%	6,9%	-3,2%
2005	1,7%	17,3%	-0,2%	3,3%	1,8%	24,7%	17,0%	26,4%	36,0%
2006	2,2%	-7,5%	-2,2%	0,5%	0,6%	39,3%	6,0%	21,4%	11,0%
2007	3,0%	-7,3%	-1,0%	0,7%	1,9%	8,4%	-3,1%	21,7%	17,7%
2008	3,3%	8,3%	11,4%	6,1%	4,9%	-37,7%	-28,0%	-40,8%	10,0%
2009	1,2%	-2,2%	1,1%	1,4%	4,5%	31,8%	17,2%	22,8%	20,8%
2010	0,7%	8,4%	19,0%	-5,1%	-2,6%	-15,6%	22,1%	15,3%	40,8%
2011	2,4%	4,0%	3,1%	5,6%	5,5%	-9,9%	11,6%	-15,2%	11,7%
2012	1,7%	-1,6%	0,7%	4,3%	3,5%	3,2%	7,1%	28,1%	6,2%
2013	2,1%	-3,9%	-1,5%	13,6%	7,2%	28,3%	23,0%	24,7%	-30,8%
2014	0,6%	13,9%	2,1%	17,6%	6,7%	7,9%	24,2%	2,1%	13,1%
2015	0,3%	11,6%	10,5%	3,4%	1,3%	-4,0%	10,9%	9,0%	-1,7%
2016	0,0%	3,8%	1,6%	-0,4%	1,3%	1,7%	19,2%	6,2%	11,4%
2017	0,0%	-10,2%	-8,4%	1,8%	0,7%	11,2%	13,0%	11,9%	0,5%

Rentabilidades expresadas en moneda española (peseta hasta 1998, euro a partir de 1999). Se ha considerado un impuesto del 20% sobre los intereses, los dividendos y las plusvalías de bonos y obligaciones. Fuente: *En busca del ahorro seguro y rentable*, Monografía Invesgrama n°3.

Tabla A.6. Rentabilidad anual de diversas combinaciones de dos activos.

Año	Bolsa España y			Bolsa EEUU y		
	Bolsa EEUU	Bolsa Alemania	Obligaciones	Activos monetarios	Obligaciones	Bolsa Alemania
1978	-8,60%	-0,65%	5,55%	-2,10%	2,35%	-4,09%
1979	-3,55%	-12,59%	-11,01%	6,02%	-1,37%	-5,86%
1980	29,43%	8,08%	13,22%	26,59%	28,61%	22,53%
1981	25,47%	20,50%	21,71%	13,45%	14,66%	12,37%
1982	24,36%	12,38%	-2,52%	35,22%	34,98%	48,47%
1983	42,18%	40,03%	21,12%	32,82%	35,18%	53,27%
1984	30,84%	25,91%	39,02%	10,53%	18,38%	5,86%
1985	29,37%	64,94%	30,65%	13,19%	18,34%	52,74%
1986	61,30%	64,10%	56,96%	8,03%	5,64%	11,02%
1987	-0,78%	-9,03%	12,89%	-3,20%	0,76%	-21,59%
1988	21,90%	23,07%	10,99%	14,62%	10,90%	21,05%
1989	18,49%	23,43%	12,67%	18,41%	20,97%	31,33%
1990	-17,90%	-22,45%	-10,06%	-1,18%	-3,48%	-17,38%
1991	18,49%	12,23%	17,22%	17,29%	21,53%	16,69%
1992	8,92%	-0,11%	-3,74%	18,05%	15,40%	17,44%
1993	49,83%	62,14%	43,72%	27,79%	37,07%	56,93%
1994	-6,73%	-7,03%	-9,67%	1,25%	-4,23%	-4,04%
1995	20,13%	10,73%	13,56%	16,40%	19,16%	15,85%
1996	39,61%	34,60%	34,98%	22,05%	31,28%	32,06%
1997	45,35%	45,64%	28,05%	25,30%	28,88%	46,25%
1998	24,18%	28,89%	26,16%	6,44%	11,27%	14,07%
1999	33,84%	28,94%	6,53%	25,49%	23,10%	43,78%
2000	-4,14%	-9,28%	-3,79%	2,83%	3,84%	-2,55%
2001	-2,34%	-12,08%	-0,22%	1,59%	2,48%	-10,23%
2002	-24,89%	-32,57%	-7,64%	-13,13%	-10,90%	-36,46%
2003	18,80%	34,11%	17,14%	1,02%	5,00%	21,05%
2004	9,77%	14,54%	15,04%	-0,37%	2,98%	2,12%
2005	20,85%	25,57%	13,09%	9,35%	10,15%	21,69%
2006	22,64%	30,36%	18,63%	4,05%	3,23%	13,68%
2007	2,69%	15,05%	3,29%	-0,02%	-1,17%	9,30%
2008	-32,83%	-39,22%	-16,45%	-12,35%	-10,94%	-34,38%
2009	24,51%	27,29%	15,36%	9,19%	9,29%	20,00%
2010	3,25%	-0,11%	-12,36%	11,38%	8,50%	18,71%
2011	0,83%	-12,59%	-3,02%	7,00%	8,60%	-1,83%
2012	5,17%	15,68%	2,79%	4,41%	5,71%	17,61%
2013	25,67%	26,50%	21,15%	12,56%	18,32%	23,84%
2014	16,05%	4,98%	13,55%	12,41%	20,92%	13,16%
2015	3,45%	2,49%	-1,09%	5,62%	7,15%	9,98%
2016	10,46%	3,99%	-0,51%	9,59%	9,40%	12,71%
2017	12,10%	11,58%	5,61%	6,49%	7,41%	12,45%

Tabla A.7. Rentabilidad anual de combinaciones de tres y cuatro activos.

Año	Obligaciones y			Bolsa España, Bolsa EEUU y		
	Oro, activos monetarios	Franco suizo, oro	Franco suizo, act. monetarios	Obligaciones, oro	Franco suizo, oro	Obligaciones, franco suizo
1978	12,16%	12,14%	10,77%	2,87%	0,62%	1,82%
1979	37,08%	33,56%	0,41%	23,82%	24,87%	-3,68%
1980	25,96%	26,38%	11,06%	31,86%	31,17%	20,69%
1981	1,41%	6,84%	15,80%	11,40%	14,87%	22,19%
1982	21,15%	24,35%	13,03%	25,55%	28,07%	19,46%
1983	10,41%	12,57%	13,96%	26,34%	26,79%	29,01%
1984	8,64%	3,92%	10,78%	19,33%	11,86%	20,93%
1985	7,71%	9,16%	14,09%	18,17%	16,67%	22,95%
1986	4,50%	6,05%	7,78%	32,07%	34,43%	34,53%
1987	8,09%	8,06%	9,55%	3,94%	1,94%	5,04%
1988	-0,31%	-6,60%	0,59%	8,38%	5,52%	9,06%
1989	6,83%	2,74%	8,05%	11,76%	7,41%	12,68%
1990	0,47%	0,56%	9,03%	-11,22%	-10,00%	-4,80%
1991	7,66%	3,80%	10,59%	12,08%	7,07%	14,28%
1992	8,57%	10,31%	9,60%	8,48%	11,11%	9,26%
1993	28,99%	33,67%	21,83%	43,92%	42,79%	38,55%
1994	-2,76%	-2,50%	2,84%	-6,99%	-4,05%	-2,79%
1995	4,56%	4,27%	9,10%	11,60%	10,00%	15,00%
1996	11,52%	7,43%	9,09%	26,69%	19,00%	24,86%
1997	2,59%	3,44%	7,87%	23,46%	22,30%	27,42%
1998	3,40%	2,53%	5,87%	13,76%	10,69%	15,61%
1999	5,94%	5,33%	0,10%	20,80%	21,53%	16,42%
2000	3,19%	4,71%	5,26%	-0,44%	0,19%	1,11%
2001	5,39%	5,62%	4,48%	1,96%	1,68%	1,27%
2002	4,56%	4,64%	4,09%	-9,66%	-10,71%	-10,01%
2003	2,54%	-0,49%	-0,08%	10,73%	7,97%	8,77%
2004	2,44%	2,33%	4,03%	6,24%	4,48%	7,43%
2005	13,68%	13,03%	1,61%	20,25%	19,36%	11,20%
2006	4,55%	3,11%	0,16%	14,20%	13,52%	10,90%
2007	7,16%	5,82%	0,92%	5,96%	5,52%	1,28%
2008	6,46%	9,17%	6,94%	-12,39%	-11,07%	-12,03%
2009	7,77%	7,75%	1,20%	17,79%	17,73%	12,87%
2010	12,14%	18,24%	4,87%	10,56%	16,57%	5,10%
2011	6,56%	6,80%	3,71%	4,73%	4,11%	2,60%
2012	4,09%	3,74%	2,23%	5,22%	4,30%	3,83%
2013	-5,02%	-6,22%	4,76%	8,54%	4,76%	15,88%
2014	10,42%	10,91%	6,76%	15,69%	11,81%	12,94%
2015	0,66%	4,07%	4,73%	2,14%	3,94%	5,20%
2016	3,69%	4,22%	0,41%	8,00%	8,50%	5,54%
2017	0,78%	-2,02%	-2,18%	6,63%	4,08%	4,41%

Sobre el autor

Soy economista e inversor. En mi blog www.invesgrama.com analizo estrategias de inversión y hago un seguimiento de los criterios de selección de acciones que explico en mi libro *Invertir Low Cost*. He creado el Invesgrama-60, el primer índice de bolsa basado en la calidad de las empresas. En abril de 2016 lancé mi proyecto de fondo de inversión, el Invesgrama Fund Project, cuya composición y rentabilidad puede seguirse en mi blog. Colaboro con diversos medios, como Sintetia, InBestia, Investing.com y Rankia.

Para cualquier comentario sobre el contenido de esta monografía, contactar con el autor a través de la siguiente dirección:

invesgrama@invesgrama.com

Otras obras

- *Un náufrago en la bolsa*, Ediciones Urano, colección Empresa Activa, 2005.
- *La máquina de hacer dinero. Quiénes y cómo crean las crisis económicas* (cómic), Ediciones B, 2011.
- *Invertir low cost: Nueve grandes estrategias de inversión en acciones para pequeños capitales,* Ediciones Urano, colección Empresa Activa, 2014.
- *Juicio al Euro*, 2014. Esta obra puede descargarse gratuitamente desde www.invesgrama.com.
- *El inversor afortunado: Cómo tener suerte en las inversiones,* Ediciones Urano, colección Empresa Activa, 2016.
- *Caos en la Bolsa*, Kindle Amazon, 2015 & Createspace, 2016.
- *Todo sobre los dividendos (Monografías Invesgrama, n°1)*, Createspace, 2017.
- *Mercados bajistas (Monografías Invesgrama, n°2)*, Createspace, 2017.
- *En busca del ahorro seguro y rentable (Monografías Invesgrama, n°3)*, Createspace, 2018.

www.ingramcontent.com/pod-product-compliance
Lightning Source LLC
Chambersburg PA
CBHW020438220526
45464CB00002B/752